拖了你后腿

别让你的嘴

〔日〕五百田达成 著

沈英莉 译

天津出版传媒集团

天津人民出版社

图书在版编目（CIP）数据

别让你的嘴，拖了你后腿 /（日）五百田达成著；
沈英莉译 . -- 天津：天津人民出版社，2020.1（2021.4 重印）
ISBN 978-7-201-15646-0

Ⅰ . ①别… Ⅱ . ①五… ②沈… Ⅲ . ①语言艺术 – 通
俗读物 Ⅳ . ① H019-49

中国版本图书馆 CIP 数据核字 (2019) 第 285425 号

中国版权保护中心图书合同登记号 02-2019-348 号

話し方で損する人得する人
HANASHIKATADE SONSURU HITO TOKUSURU HITO
Copyright © 2018 by Tatsunari Iota
Illustrations © Akiko Tokunaga
Original Japanese edition published by Discover 21, Inc., Tokyo, Japan
Simplified Chinese edition published by arrangement with Discover 21, Inc.

别让你的嘴，拖了你后腿
BIE RANG NI DE ZUI TUO LE NI HOUTUI

[日] 五百田达成 著　沈英莉 译

出　　版	天津人民出版社
出 版 人	刘　庆
地　　址	天津市和平区西康路 35 号康岳大厦
邮政编码	300051
邮购电话	（022）23332469
电子信箱	reader@tjrmcbs.com

责任编辑	玮丽斯
监　　制	黄　利　万　夏
特约编辑	曹莉丽　孙　建
营销支持	曹莉丽
版权支持	王秀荣

制版印刷	天津中印联印务有限公司
经　　销	新华书店
开　　本	880 毫米 ×1230 毫米　1/32
印　　张	7
字　　数	90 千字
版次印次	2020 年 1 月第 1 版　2021 年 4 月第 2 次印刷
定　　价	49.90 元

前言

"感谢您阅读这本书。"

如果突然听到这句话，你感觉怎么样？

至少不会有不舒服的感觉吧。

或许你还会想："如果是本好书，我会买下它的。"

但如果对方说：

· "买下这本书吧！"

你会有什么感想？

说实话，一般人都会觉得心烦吧。

　　两者的目的同样是希望对方购买这本书，但只是改变了说话技巧，给对方的感觉就会发生一百八十度的大转弯。

　　所谓的"说话方式"，事实上比你想象中的还要重要。

　　人们往往认为人际关系是由彼此的性情、各自的立场、年龄、性别、相处融洽与否决定的。

　　其实不然，人际关系的好坏是由说话方式决定的。

　　这个世界上有两种人。第一种人：

　　·能收到各种邀约；

　　·总是看起来内心平静而且愉快；

　　·压力很少，总是笑容洋溢；

　　·"如果是为他而做"，周围的人会积极行动、给予配合。

　　第二种人：

　　·偶尔才接到邀约；

　　·总是心存焦虑，身边没有朋友；

　　·常常感到压力，眉头紧锁；

　　·发号施令但无人听从。

这两种人之间的差别在哪里？

其实就在于他们的说话方式不同。在外表和社会地位等完全相同的情况下，仅仅因为说话方式不同，人生就会有如此大的差异。

因说话方式的微小差异，人生或是得利，或有损失。

如此说来，何不掌握让自己受益的说话方式呢？

在这里，请允许我先做个自我介绍。

截至目前，我做过编辑、广告策划、作家、心理咨询师，一直从事着与沟通有关的工作。

作为培养沟通技巧的专业人士，我几乎每天二十四小时、全年三百六十五天无休地思考如何用语言打动人心。

虽然现在的我被称为"说话方式专家""沟通专家"，并且一直在写稿、做演讲，但实际上从前的我并不擅长说话，甚至认为自己完全缺乏说话技巧。

举例来说，大学时代，我对朋友的说话方式一直是"过于严厉的质问"，如："你是怎么回事！""那太可笑了吧！"

对我来说，这只是玩笑性质的"质问"，但对方的反应给了我沉痛的教训，大家说这样的我有点可怕。

　　当意识到说话技巧是我亟须解决的问题之后，聚会时我便有意识地训练自己的沟通方式，验证说话方式的同时，积累着实践经验：原来这样做很受欢迎。这样做，居然会惹人讨厌啊。

　　不久，我的成功经验逐渐增多，人也有了自信。

　　自从立志成为咨询师后，我进一步加强了对说话技巧的学习。

　　通过学习，我意识到许多以前自认为的"说得很棒""很好的说话方式"，实际上并非如此。

　　比如，假设有客户在进行职业规划的相关咨询时，说："我想辞职。"一般人会反问："你为什么想辞职呢？辞职后有想做的事吗？"但专业的咨询指导并不会这样回答。

　　理想的回答是"您想辞职啊"，即重复对方的话，因为你需要努力地贴近对方。

　　人都会不由自主地想给予对方建议，这缘于人们都有"必须为他做点什么"的想法。其中最糟糕的回答是，在听完对方的话后引出自己的话题，"啊，我都了解。我曾经……"谈话时，用力控制住自我表达的冲动是最重要的。

最近，说话技巧的提高使我受益良多。

前几天，在早上准备出发时，我太太为穿哪双鞋而苦恼。

我内心的想法是"早点出发为好，不然就赶不上电车了"。或者说，我更真实的想法是"你穿什么鞋都无所谓"。

但是，如果这么和她说，我们一定会大吵一架。而且，显而易见的是既无法确定穿哪双鞋子，也赶不上电车。

为此，我做了如下回答：

"（用认真的语气）嗯，穿哪双鞋好呢……黑色的也好，褐色的也不错。黑色的，你再穿一次试试！"

回答的要点是，比对方还要认真，还要苦恼，把它当作自己的事去思考。

请千万别说这类话："搭配今天的衣服，还是穿黑色的好。"通过我的"认真"和"烦恼"，太太最后自己做了决定，确定好穿哪双鞋，随后我们及时出发并且没有迟到。

这种情况下，非专业人士会说"穿哪双都行"；半专业

人士会建议"穿黑色的好一些吧"；而专业人士则会认真地
参与其中，促使对方行动起来。

　　本书便是培养这种让自己受益的说话方式的终极版教
科书。

　　我本来不擅长说话，在经历了重重失败，累积了丰富经
验后颇有所成。于是我便将所学的说话技巧全部倾注到了本
书之中。

　　**短短数秒，人生会因为不同的说话方式，或上天堂或下
地狱。**

　　得说话技巧者，得成功人生。

　　请各位读者也务必将"让自己受损的说话方式"转变为
"让自己受益的说话方式"，从而改变人生，交到好运。

　　※ 本书中标注的"好感度""反感度"百分比数值，是
以全日本 20~60 岁的人群为调查对象，针对各项说话方式开
展问卷调查，汇总得出的数值结果。

第 **1** 章　家庭·友人篇

第 **2** 章 ｜ 聚会·约会篇

第 **3** 章 ┊ 职场·商务篇

第 **1** 章

家庭
·
友人篇

....

采用这类说话方式，
让你拥有和谐的人际关系，
得到他人的信赖！

益

说话方式

一旦对方开始讲述，就彻底充当倾听者

损

说话方式

以对方的话题为开端，打开自己的话匣子

好感度
93%

反感度
76%

假设你和朋友正在进行交谈。

朋友："上周我去户外烤肉啦！"

你："烤肉？你这么一说，我想起来最近我一直没有去过，可能有两年了。"

朋友："哦，这样啊，下次我们一起去烤肉吧！"

你："烤肉准备起来很麻烦的，还不如在店里吃轻松。对了，还有那种家庭式的啤酒屋……"

朋友："……"

感觉怎么样？

谈到烤肉的朋友，应该有各种有趣的事要说，会谈及"自己遇到这样的纠纷""还有这样的趣事儿"。

然而，你独断专行地对"烤肉"做出反应，开始讲述"最近自己没有去过""烤肉准备起来出乎意料地麻烦"等。

朋友的话题被打断，不但会感觉不舒服，对你的好感度也会下降，甚至还有可能再也不想与你交谈。这很明显是让自己受损的说话方式。

表现欲强是会招人讨厌的。

想想开会时，是否有人一边听别人的发言，一边思考自己的发言？他们会在心中一直想着接下来自己的发言内容："等这番话讲完，我就说出自己的这个想法。""啊，我有了一个好想法！""就不能快点让我发言吗？"

当然，他们看起来确实是在倾听，但实际上完全没有听进去对方的话。

对方的话一中断，他们就会立刻说出自己的想法："对了，我想起来……"完全不会继续对方的话题。

村上春树受欢迎的秘诀：

大部分想表达的人，如果能抱有倾听的姿态，就说明他更胜一筹。不单是工作，恋爱等私事也会因此受益。

不擅长倾听的人请从尝试假装倾听开始吧，只要沉默、点头就好。

观看电视中的足球比赛直播时，妻子跟你说话你却不想回复时，回答"闭嘴"是最恶劣的态度。可以简单地以

"嗯嗯"作为回应。

别人说话时，突然想起某件事，就赶快记录下来。在"啊，我想说那个"的时候，不要中途打断对方，把想法记录下来，在对方的话结束后再做发言。

村上春树说："在女孩身旁，只要肯倾听就会很受欢迎。"**只要倾听对方说话，就会不可思议地让对方觉得"这个人和我谈得来""这个人易于沟通"，甚至可以让对方觉得"这个人很有趣"。**

因此，请一定要做出倾听的姿态。

益 只要倾听，就会被人喜欢

02

益 说话方式

将对方的话听完并进行共情

损 说话方式

贸然总结对方所说的内容

好感度
90%

反感度
70%

对话题进行贸然总结的人看似善于倾听，实际上并不会受益。

"我婆婆想看孩子，经常周末来家里。可我又不能说她打扰到我，真苦恼啊……"

"确实是这样，总的来说，这是常见的婆媳问题。它很好应对的，只要……"

对别人的话总是不失时机地加以总结："确实如此，就是这么一回事，对吧？"这种人会给人以"聪明""善于总结"的印象。

但如果在私人谈话中采用这种说话方式，就会使对方怔住说不出话来。

对方说话的目的只是想一吐烦恼，分享一下无关紧要的话题，你却满是得意地插入总结——"就是这么一回事，对吧？""总的来说，问题就是这样啊！"

如果总是这样，会让人感觉"这个人和我完全不能共鸣""这个人只是在展示自己的小聪明吧？"

比起总结话题，展开话题更让人受益

不做总结，不说"总之"之类的话，而是把对方的话一心一意地全部听完，这是让自己受益的说话方式。

大多数有烦恼的人，并非希望尽快得到解决方案。他们首先希望得到的是对方的倾听，并由此产生共鸣。他们希望对方能够共情，说"你真是不容易啊"。

为此，请有意识地尝试增加"这样啊""对啊""真不容易啊"等能够表达共鸣的句子。 向对方传达出"我在倾听你说话"，这是最为重要的。

将话题转向"扩展""继续"的方向，而不是加以"收拢""总结"，这是让人受益的说话方式。

"我婆婆想看孩子，经常周末来家里。可我又不能说她打扰到我，真苦恼啊……"

"是啊，真让人苦恼啊！对方是婆婆，不由得要有所顾虑……"

"对啊，就是那样！所以啊……"

　　这样引导对方，就能方便对方继续说下去，于是对方
会产生安心的感觉，认为你能倾听他，对你的信赖感就会
有所提升。

　　在家长会上，会有即使超时也要讲下去的妈妈；在演
讲会的提问环节，也会出现手握话筒就不愿放手的大叔。

　　但是请记住：人，都希望得到别人的倾听。如果能做
到认真倾听，你一定会受益匪浅。

（益）**专心倾听，**
对方对你的印象会有所提升

03

说话方式

益

说话方式

完整倾听对方的话，
再进行提问

损

说话方式

还没听完就提问，
打断对方的话

好感度
88%

反感度
67%

前面已经说过倾听的姿态非常重要，但如果倾听时单方面发问，如同审问的说话方式就会让人疲惫不堪。

比如，对方刚刚说出"我发现我老公出轨了……"你就当即插话提问："啊，什么时候开始的？"对方回答"前不久我发现他有些奇怪……"对此你继续提出疑问："对方是什么样的人？""好像是公司的同事……""那个人大概多大年纪？"

像这样不断发问，打断对方的话，实际上是让自己受损的说话方式。

或许有人认为进行提问是耐心倾听的表现。

的确，在与人亲近的过程中，适度地进行提问，对于加强相互之间的了解是十分重要的。不过，其前提是认真倾听对方的话。

"我的兴趣是冲浪。"

"你平时都在哪里冲浪？"

"一般是在附近的 ×× 海岸。"

　　"和谁一起呢？"

　　"我有一个高中时代的朋友很擅长冲浪，我在跟他学习。"

　　"你的朋友冲浪很久了吗？"

　　如果像这样，交谈就变成了单纯的提问和回答。我在年轻的时候，便被熟悉的女性朋友评价为"说话像是在审问"。唉，当时的我可真是不成熟啊！

非提问性质的简单提问方法

　　日语中用同一个词汇表达"问和听"，但英语中不仅有"ask（询问）"，还有采取倾听姿态的"listen（听）"。

　　"我的兴趣是冲浪。"

　　"冲浪，真好！"

　　"最近，受高中时代朋友的影响，我才开始学习的。那家伙已经冲浪十年了，技术是参加大赛的水准。"

这种说话方式能让谈话自然而然地逐步深入，是种让人受益的交流方式。

注意要按照对方的节奏，集中精力倾听对方的话。如果有非问不可的问题，要提前示意"我可以问你一个问题吗？""不好意思打断一下"，然后再进行询问，这会让对方对你产生好印象。

另外，有一种不像提问的提问技巧是"重复对方的话，上扬最后的声调"。

"我的兴趣是冲浪。""冲浪？""对，在千叶那边！"这样一来，谈话就会顺利得到推进。通过不像提问的提问技巧，如果能让对方放下防备，继续交谈，便是一种让人受益的说话方式。

益　**让对方按照他的节奏继续下去，交流才会持续**

04

益 说话方式

默默倾听，点头肯定

损 说话方式

过度附和，频繁使用『的确如此』

好感度
69%

反感度
62%

附和的意义在于告诉对方"我在倾听你的话"。

交谈中，如果没有得到回应，说话的人会担心"他是否听到了我说的话？"甚至会质疑"他是否在听我说话？"

相反，有些人过度地进行附和，反而会让人心累神疲。如频繁、重复使用"的确如此"。实际上，这是一种让自己受损的说话方式。

"的确如此"的意义是"你的话我理解了""我能够领会""我能够与你产生共鸣"，这本该是颇具好感的附和方式。

但如果反复使用，就会被人讨厌。

反复使用"的确如此"，已经从"我理解了"的语感中脱离，变成了"啊，理解啦""我已经说过我懂了"，最终会给人压力，让人感觉"我已经懂了，赶快结束话题吧"。

重叠使用"的确如此"，有催促的感觉，会给人留下轻浮的印象，让人怀疑"他是否真的在听我说话"。

比起频繁地回应，教你两招说话技巧

惯于使用"的确如此"的人，请尝试鹦鹉学舌吧。

"……这个部分有问题啊！"
"有问题？"

"我可吃尽苦头了！"
"啊，吃尽苦头了？"

不必重复对方所有的话，仅重复其中的一部分，对方就会产生安全感，认为"他在倾听我的话"，从而愿意继续谈下去。

意外的是，很多人不会做的竟然是"点头"。
优秀的咨询师在十分钟的咨询中只说三句话，分别是"这样啊""这很讨厌啊""这样吗"，除此之外就是"啊"或者"是"。他们从不说一句多余的话，只是一味地沉默、点头。

　　人有时会不由自主地觉得交谈中必须进行附和，而实际上只要沉默、点头就能给予对方"他在倾听"的安心感。

　　并非"的确如此"这个词本身有问题，而是单调重复使用这个词，会给对方留下不好的印象，还是避免为好。为了能够更好地回应对方，可以变换回应方式，或者沉默地点头，这是让自己受益的说话方式。

益　只是沉默、点头，对方就会继续

05

益

说话方式

用『我们一起思考吧』来分担对方的烦恼

好感度
93%

损

说话方式

用『这是常有的事啊』来应对对方的烦恼

反感度
65%

"……事情就是这样的，我不知道该怎么办，真痛苦啊！"

"的确如此。但是，这种事实在很常见啊，我曾经也……"

抱怨或者坦承烦恼的人，寻求的是"共鸣"，他们期望通过共鸣获得些许安慰。

他们本来是恳切地希望得到一些建议，然而对方用"这是常有的事"的方式来安慰，这反而会使得他们疲惫不堪。这无疑是一种对自己有损的说话方式。

难得袒露自己的内心，谈及对自己来说很痛苦的话题，结果却被对方简单粗暴地加以总结，"工作啊，就是这样""所谓家庭，就是这样""那种烦恼是常有的事"，被这样对待，没有人心情会变好。况且还要被迫倾听一段"我也曾经……"真的会让人"再也不想找他商量了"。

为对方解忧时不能做的两件事

为对方解忧时有两大禁忌。

首先，不要给对方建议。

这与刚刚提到的"这是常有的事"类似。我们经常会遇到阿姨们分享人生经验时，往往以自身经历为基础给人提出建议："结婚就是这么一回事，我在离婚时也……"对方听到这些也许会火冒三丈吧，认为"你懂什么啊？"

虽说听起来有些极端，但这个时候我还是建议你干脆不要给对方建议。

重要的是表现出与对方一起思考的姿态："该怎么办呢？""打算怎么办呢？" 不是坐在对方对面，而是和对方坐在一起、看向同一方向。这种姿态十分重要。

在对方全部说完之前，不要讲述自己的事情，不要给予建议。有些人一听到对方的话，就想谈及自己的话题，这时时机大多不够成熟。如果想讲述自己的经历，就静静等待，倾听对方，直到对方已经无话可讲的时候再说也不迟。

其次，不要求证。

比如："我被甩了"→"为什么被甩了"；"我在大街上突然被人纠缠"→"什么时候，被什么人纠缠"。这种带有诘问语气的求证是大忌。对方正在努力表达他的心情，这种提问方式却优先满足了你的好奇心。从对方的角度来看，"原因并不重要吧""总之，我想说我被吓得不轻"，这样的求证却会让对方感到想说的被拦腰截断。

据说倾吐烦恼时，大多数时候当事人的心中已经有了答案。在我进行顾问咨询的过程中，也确实经常有这种感觉。

最终，对方会自己说出"姑且只能先把眼前的事情一件一件地做好，这个我是明白的。"给予帮助、让对方说出这句话，可以说这才是终极的解忧方法。

不给予建议、不求证，它们是有益的说话方式的两条铁律。

益 与对方一同思考，对方的烦恼自然会被解决

06

益

说话方式

不害怕沉默

好感度
91%

损

说话方式

急于掩盖沉默

反感度
67%

"的确如此，是那样啊……"

"对，是那样的……"

"（糟糕！沉默……）您有孩子吗？"

"哎！"（怎么这么突然？）

很多人认为"谈话中途停顿会很尴尬""必须先说点什么"。或许这就是所谓的"沉默恐惧症"吧！它无疑是一种无益的说话方式。

因勉为其难、填补沉默时间而连续发问，会让对方有一种被审讯的感觉。但如果总是谈及自己，也会给人留下不好的印象。总想填补沉默时间的人，看起来不够从容，没有魅力。

因此，有益的说话方式是不害怕沉默。

谈话的目的是让双方心情愉快地进行沟通，并没有哪一方必须发话的规定，很多时候是不需要活跃气氛的。

勉强自己填补沉默时间，有时也会妨碍对方说话。

最好的特效药是放松

原本谈话的时机、大家思考的速度都会有所不同。

即使对方看着好像陷入沉默，也有可能是在仔细思考要说的话。有些人是需要一边仔细认真地思考，一边慢悠悠地说话的。

谈话速度变慢时，不必担心会陷入沉默，注意不要打断对方，不要分散对方的注意力。有效的做法是静等，用微笑的表情暗示对方"然后呢？"

所谓让自己和对方都感到心情畅快的谈话，是放松的谈话。

如果一方感到紧张，觉得必须填补沉默时间，那么交谈将不再轻松。

如果你紧张起来，就必然会被对方察觉，对方也会随之紧张。

因此，不仅不要紧张，反而要有意识地创造能够沉下心来谈话的环境。

比如座位的位置。

很多人会觉得与对方面对面的话，眼睛便不知道要看向哪里，一旦视线交会，心里就会产生"必须说点什么"的感觉。这时，选择类似吧台那样的并排座位或许更好一些。

要擅长倾听，引导谈话，回避这些让自己产生危机感的情况。有必要充分考虑自己的情况，从而做到沉稳地倾听。

益　如果能够平静地进行交流，就不会感到尴尬

07

益

说话方式

避免不懂装懂，
努力了解他人

损

说话方式

通过少许信息
就做出武断的判定

好感度
76%

反感度
81%

通过少许信息，就做出武断的判定，这是一种让自己受损的说话方式。

"他是做销售的，还是不要相信他为好。"

"他是东北人，脾气肯定很暴躁。"

"这个人太帅了，感觉会不务正业。"

很多人会仅凭外表或某些表征，便开始推断别人的思考方式或者行动类型。被这样评判的对象以及身边的人对此应该都不会有好印象，这种偏见对谁都没有好处。

与此相似的是，有人将一切都归咎于过去的创伤。"××部长对女职工格外严厉，是不是曾经受到过失恋的创伤啊？一定是那时候的创伤所致，一定是！"

"创伤"一词，看起来煞有介事，但仅凭些许信息就随便做出判定，在这一点上，跟偏见并没有什么区别。

人对于不了解的事物会本能地感到害怕，并对从零开始了解陌生事物感到麻烦。

因此，无论是对人还是对事，都会套用自己已有的框架对其进行衡量，加以了解。

这样做确实会更加轻松方便。但是，这在本质上和根据少量信息做出武断判定及偏见并无不同，比如根据"那个孩子教养不行才做出那样的事"，就做出"没有爸爸的孩子果然还是不行啊"的判定等。

话虽然说得机灵，以为自己有多了解，但对对方来说这是一种片面的判断，是偏见，有时还有可能是骚扰。

不听信谰言的秘诀

那么，什么样的说话方式才是有益的呢？

首先，要承认自己不懂。人有千面，仅通过几次谈话，就完全了解对方是不可能的。

因此，应该采取的姿态是内心充满期待地想"你是什么样的人呢？"而非武断地说"你是这样的人啊！"

不了解就是不了解，不要强行套用、贴合自己已有的框架。不够了解时，就慢慢地不断增进交流，这一点是十分重要的。

如果身边有人片面地下结论，只要回复"我不了解"就好。

"她整形了吧？""我不知道。"

"他是编辑，心思一定很细腻吧？""是吗？我不知道。"

比起自以为是地不懂装懂，认为这件事就是这样，还是拿出好奇心去问"为什么会这样"的做法更让自己受益。

益 **对对方感兴趣，相互关系会更加深入**

08

益

说话方式

言语积极向上

损

说话方式

喜欢自我贬低

好感度
73%

反感度
77%

"我昨天剪头发了。"

"好可爱啊！像我这样脸盘大的人，剪短头发绝对不行！"

"哪有啊？"

"不，你看，我的脸比较大，可以说完全没有可爱的感觉。"

"完全没有啊……"

像这样贬低自己，是否已经成为你的习惯？

你是否总是不断地说"我这样的人……"后续是"一点也不可爱""不聪明""做不好工作""总是给大家添麻烦"？

嘴上说"我这样的人"，却希望对方能够回应"哪有这回事啊"。这种伎俩太显而易见，听者会因此感到疲累，觉得"这个人好麻烦"。这很明显是让自己受损的说话方式。

保持谦逊的好处在于不会被攻击。常说"我这样的人"，一心想着不树敌，最后却养成了坏毛病。

"让人觉得麻烦的人"具有的共同点

这种说法中含有自我设限的要素。

自我设限是心理学词汇，指事先设置进展不顺利的原因，如"今天因宿醉而发挥失常""这次考试没有认真复习，导致考得不好"等。这是一种事先设置失败防线的行为。

事情进展顺利是幸运，如果进展不顺利，便能够避开别人的批评，让人觉得"看，正是我所说的那样吧？"

而且，这还能够获得别人的支持，让人说"没这回事啊"。如果进展顺利则会得到他人更高的评价，被认为是"没想到你很能干啊！"实际上，这是一个俗套的伎俩，会让对方感到费神、困扰。所谓"麻烦的人"，多是被评价为让人费神、需要照顾的人，被这样评价对自己并无益处。

请一点点修正"我这样的人"的口头禅吧。

在想说"我这样的人"时，改为说"我"。

在话语的最后表达出"积极"的感觉，别人对你的印象会陡然好转。如：

"我虽然做得慢，但是会努力的。""我没有自信，但是会努力拥有自信的。"

另一个方法是，尽可能地谈及对方。

以开头的话题为例，想说"我这样的人"时，即使是勉强自己，也要立刻不失时机地提及对方，以"××，你的脸真小啊"回应对方。虽然有阿谀奉承之嫌，但是比起贬低自己让对方感觉费神，这种说话方式给人的印象要更加平实、简单。

益　**放弃贬低自己，朋友就会变多**

09

益

说话方式

坦率自夸，心口如一

好感度
63%

损

说话方式

看似自贬，实为自夸

反感度
75%

估计很多人都会认为，明显自夸会让自己受损。所以有些人采用看似是在自我贬低，实际上却是在自夸的套路。

"见到的每一个人都会说我是娃娃脸，我真的那么孩子气吗？"

"完全休息不了，有些睡眠不足。当然了，我在做自己喜欢的工作，也还算不错。"

以上两种说法异曲同工，慨叹自己是娃娃脸，实际上是在炫耀自己看起来年轻；抱怨自己的工作很忙，实际上是在炫耀自己过得充实。你是否也会这样说话呢？

在日本，为考虑对方的感受，不伤害对方，很少有人会高声叫嚷"我看起来很年轻，多好啊！""我的工作很充实，多好啊！"

既不想遭周围人的白眼，又想被人羡慕；不想影响气氛，又想被人夸奖，因此他们采用看似"自虐"实为"炫耀"的方式。听众其实洞若观火，早已一眼看透，自然会倍感疲累。

这看似是在照顾对方的情绪，实际上是一种让自己受损的说话方式。

夫妻之间的傻瓜式对话，婚姻美满的秘诀

想得到赞美时，不拐弯抹角，率真地说出"请夸我"，会让人感觉更为舒畅。

具体可以这样，自夸之前提前打招呼："我可以小小地炫耀一下吗？""希望你能夸我，我才说的。"于是对方也会笑着给予你回应，说道："什么呀，你本来就很棒。"真诚地请对方夸一下自己，能透露出一种可爱又心胸宽广的感觉，会让对方的内心感到放松。

我曾听过一对婚姻美满的夫妻之间的谈话，据说这对夫妻平日里这样交谈。

妻子："快看，土豆炖牛肉做得很好。快夸我，快夸我！"

丈夫："哇——你好厉害！"

丈夫："快看，我打扫浴室了！"

妻子："好厉害！谢谢你！"

在旁观者看来，这简直是所谓的"傻瓜夫妻"，但是据说这对夫妻从不吵架，生活过得幸福美满。

想让对方夸赞自己时，别使用计谋，别采用自贬的把戏，而是坦率地说出"请夸我"。这样做可以让自己和身边的人心情舒畅，会让自己受益匪浅。

益 **坦率地说出"请夸我"，双方都会心情愉悦**

10

益

说话方式

坦承想法，
希望得到关注

好感度
65%

损

说话方式

暗示渲染，
希望得到关注

反感度
79%

希望对方注意自己的新发型，故意去拨弄头发；希望对方意识到自己的生日，故意问"你知道今天是什么日子吗"；希望对方邀请自己参加聚会，故意不声不响地在附近徘徊。

这种**"需要照顾的人"能适可而止还好，如果超出一定程度，就会让人烦闷，也会让自己受损。**

希望对方给予关注，却不坦诚地说出，而是设置圈套静静地等待对方有所意识，这是自尊心强的表现。

当然，希望得到关注是人类的本能。人如果被无视就会感到伤心，所以都希望对方能意识到自己的存在，希望得到对方的认同。这种心情的外在标志就是暗示对方给予照顾。

这种心情可以理解，但是体察"希望对方意识到"的动作，对于沟通来说是需要成本的，因此有人会感到麻烦。所以说这是让自己受损的说话方式。

希望得到对方关注时，有益的说话方式是坦率地说出。

如果希望对方关注，请诚实地、毫无隐瞒地用语言表达出自己的想法。

"我昨天剪头发啦！"
"不错！"

"今天是我的生日！"
"是吗？祝你生日快乐！"

仅此而已，世界将会无限和平。**扔掉高傲的自尊，相信对方，试着自信而坦率地说出自己的想法吧！**

女孩间谈论"你剪头发了吗"的真正原因

相反，如果我们能积极地给予对方关注，有时这种故意暗示的人也会减少。这时，需要做的只是指出对方的变化。

有次一位来做咨询的女性对我说："五百田先生，您今天的衣领形状有些不同啊！"这话让我很吃惊。

当天我身穿有衣领扣的衬衫，确实之前会见这位女性时穿的都是普通领的衬衫。能够注意到如此微小的变化，会让人产生一种"得到对方注意"的满足感。"你剪头发了？""×× 先生 / 女士，你是十月份的生日吧？"如果注意到这一点，那就让对方知道吧。这样，对方会感到高兴，我们也不会觉得麻烦，是双方都受益的事。

顺便说一句，女性之间相互说"你剪头发了吗"正是在传达关心对方的信息："我有注意到你的变化""我很关心你"。而是否真的理发了，并不是重点。这里体现的"好意交换"，是女性比男性更为精通的部分。

益 **坦诚说出自己的想法，便能得到对方的关注**

11

益

说话方式

以赞赏为开端，拓宽话题

好感度
80%

损

说话方式

被赞赏时加以否定

反感度
65%

"你的衬衫很漂亮！""不，哪有这回事……"

"你真的很年轻！""不，没这回事……"

很多人担心如果坦率地接受夸奖，会被认为自大。

对难得的夸奖不断地进行否定，"不，不""不是这样的"，有时反而会显得很失礼。

原本对方也未必想真心夸奖，或许多数时候是想借此搭话，或者把这作为对话的润滑剂。如果当真接受赞美，一个劲地谦虚说"哪里哪里"，反而会让对方觉得麻烦，心想"本来也没想那么夸你"。

那么，被人夸奖后，怎样的说话方式会让人受益呢？

正确的做法是：**如果被人夸奖，就借此拓宽话题。**

如果被人夸奖"你的衣服好漂亮"，请试着回答"我有三件同款""这是打折的时候买的""这是 ×× 牌的"。于是，对方会说"是吗？在哪家店买的？""已经进入打折季啦！"就此，谈话会延展开来。

对"你的兴趣是什么"
这个难题的正确回答方式

与此相同，"你的兴趣是什么"也很让人难以应对吧？

这个问题同样只不过是一个谈话的开端。未必需要回答出真正的兴趣，也没必要做多余的思考，简单地回答"我也看电影，但谈不上是兴趣"就好。

接下来，向你介绍回答"兴趣爱好是什么"这个问题的三个模式。

一是谈过去。具体可以说"以前经常打篮球""高中那会儿经常读书"。

二是谈未来。具体可以说"今年打算挑战一下冲浪""我对登山感兴趣"。

三是谈现在。具体可以说"上周去打网球了""昨天去钓鱼了"。

无论哪一个，都不是兴趣本身，但是没有人会想"他为什么不直接告诉我他的兴趣"。而是会继续说道："你曾经打过网球啊，最近没打吗？""你去哪儿钓的鱼呢？"

请一定要记住这一点，夸赞、兴趣都不过是交流的润滑油和话题的开端而已。这样一来，就不会感到苦恼，不必担心"被夸奖，不知该如何作答""我没有兴趣爱好，该怎么办"了。

益 **被夸奖 = 拓宽话题的机会**

12

益 说话方式

真诚地夸赞对方

损 说话方式

以俯视的姿态夸赞对方

好感度
65%

反感度
71%

正确地夸赞对方其实也是很难的。

不知道你有没有遇到过这种情形：难得称赞对方，结果对方不但不喜欢，有时反而更不高兴了。

称赞也分为让人受损的称赞和让人受益的称赞。例如，在公司有时会遇到这样的情况。

"前辈，那个谈判进展顺利吗？"
"前辈，您的销售能力不错！"
"……"

这种称赞方式是对自己有损的。

失败点在于自上而下的俯视姿态。在职场上，晚辈称赞前辈具有销售能力，就如同对大联盟球员大谷翔平（日本著名的棒球球员，现代职业棒球赛中罕见的投打双修选手）说"你棒球打得不错啊"。职业选手在专业领域拥有优秀的技术是理所当然的，用"不错"称赞对方，是一种自上而下的评判，会让对方觉得"你觉得自己是谁啊"。

那么，让自己受益的称赞方式是什么样的呢？

可以对前辈说"不愧是前辈，真的好厉害！"前辈可能会感觉"这家伙词汇好贫乏""净说些显而易见的奉承话"，但是至少不会觉得讨厌吧。

因为"真的好厉害"并非自上而下的冷静判断，而是晚辈单纯的感觉。

食物好不好吃，有没有品位，有没有工作能力，关键在于能够表明自己的立场。

而且，任何人都有资格谈论自己的感觉，因此用"真的好厉害"是可以的。

对"那部电影还可以"感到不爽的原因

称赞歌手"您唱得真好"，夸赞专业的插画家"这真是好画"，这种方式有可能让对方感觉自己被小瞧。因为，谈话中带有"好 / 不好"这种自上而下的俯视性的审视和评判。有必要注意避免这种"评判性语言"。

这时，坦率地将自己的心中所想率真地表达出来，说"我好感动"更能让对方高兴。

因此，评价时用"喜欢／讨厌"，比用"好／不好"要更为有益。

有人惯用"还可以"的说法，会说"那部电影还可以""那家拉面尝着还可以"，可以从中窥见俯视性的评价和建议。

而"那部电影可有意思啦""那家拉面我很喜欢"等纯粹性的表达则不会给对方带来不快。

事情虽小但意义重大，请一定要注意到这一点。

益 说"喜欢"比说"好"更能给人留下好印象

13

益

说话方式

发现对方的优点，肯定对方

好感度
77%

损

说话方式

炫耀『毒舌』，说人坏话

反感度
82%

　　一个人总是说人坏话，与他谈话就会让人疲惫不堪——你身边是否也有这样的人？

　　"××真是没用啊"，有类人会持续不断地说别人坏话。

　　炫耀"毒舌"，对此感到自豪，认为自己"区别于普通人，他们只会说些无大碍的话"。

　　艺人和电视上的评论家中只有一小部分人，能把"毒舌"上升到娱乐高度。外行即使模仿他们，对听众来说也会感到厌烦。

　　"毒舌"像垃圾食品一样。 偶尔吃一次垃圾食品会感觉很好吃，但吃完的第二天脸上会起痘。如果每天都吃，就会把人的身体搞垮。

　　坏话也是，偶尔为之，因刺激而产生乐趣，会有一种"敢言别人之不敢言"的快感，但总说别人坏话，不仅听众会厌烦，自己也会"中毒"。这无疑是让自己受损的说话方式。

包括刻薄话在内，实际上没有人能通过说别人坏话而获利。或许当时会觉得心情畅快，但其效果也仅局限于当时。听到的人会认为"这人在其他场合也会说别人的坏话吧？也有可能说我……"于是渐渐不再信任他。

聚餐时，坏话和抱怨会使现场气氛高涨。制造假想敌会使大家更加团结，比如说"我们公司可过分了""部长最坏了"等。但就算这样，最好还是不要说别人坏话。

寻找对方身上的"好"，让你看起来更帅

让人受益的说话方式是说积极的语言。

最易于理解的是夸赞的语言。女性见面经常会相互夸奖，"你的发型好可爱""这件衣服好可爱""那双鞋好漂亮"，这种态度值得我们效仿。确实，在一旁看着或许会觉得"真恶心"，但这样说的作用不容小觑。至少在相互夸奖的过程中，双方不会发生争执，彼此的心情也会因此变好。

　　另外，养成总能聚焦于好事的习惯，也是十分重要的。

　　看电影，吃拉面，总有人评论说"电影不好看""拉面不好吃"，俨然一副眼光凌厉的评论家姿态，但这不能说是让人受益的说话方式。

　　比起这样做，直接赞美对方会更好一些，"电影很有趣""拉面挺好吃"，这样说一定会让周围的人的心情好起来。

益

**正向积极的发言，
会让身边明朗起来**

14

益

说话方式

弹性思考，不把想法强加于人

好感度
83%

损

说话方式

把自己的成见强加于人

反感度
73%

有些人莫名地自信满满，不肯妥协，擅自决定要怎样做。这种人的口头禅是"绝对是这样""一定是××"之类。

他们信念坚定，对自己的想法很有自信，误以为自己能够听一知十、触类旁通。

自称头脑敏锐、思维敏捷的人实际上有时是头脑僵化、顽固的人。这类人只通过自己的过滤器听取别人的话，只听取与自己想法和感觉一致的信息。在此基础上还要自行转换，武断地解读为"总之就是这么回事"。

举例来说，你身边是否有这样的人呢？

A 感冒久久未愈，还在咳嗽。

A："咳、咳……"

B："怎么，你感冒了？"

A："不，只是咳嗽，总不见好……"

B："这是肺炎啊，快点去医院吧！"

A："不，只是还有点咳嗽而已……"

A："绝对是肺炎，赶快去看医生吧！"

B 从 A 的"咳嗽总不见好"中武断地推论出"这是肺炎"。他掌握的信息只是"A 在咳嗽，总不见好"而已，A 委婉地否定，说自己"只是还有点咳嗽而已"，而 B 依然毫不让步地继续说"绝对是肺炎"。

只通过很少的信息便武断地做出推论的说话方式是会让自己受损的。对方会觉得"都已经说过不是那样了，他可真是个麻烦的人"。

怎样与无法逃避的成见和谐共处

让人受益的方式是采取不强加于人的态度。

想不过度解读对方的话，就需要忍住不加入主观臆测，不要认为"总之就是这么回事！"做到单纯地倾听对方的话、尽可能只听事实。

如果自身有推理癖、断定癖，只要不强加于人还是可以的。

就算觉得一定是肺炎，也要留有余地，说"可能是肺炎吧"，然后劝对方去医院看看。这样一来，对方也不会感到不快。

人总会有一些先入为主的观念。这样做之所以不好，是因为有些强加于人。因此，我们要尽可能采取柔和的态度，努力去接纳所有的想法。

益　不把想法强加于人，会得到他人的喜爱

15

益

说话方式

有意识地注意对方的反应和变化

好感度
77%

损

说话方式

只顾自己

反感度
74%

　　只看得见自己的人会让自己受损，能注意到对方的人才会让自己受益。

　　恋爱时，能考虑他人感受的人会受到异性的欢迎。同样，聚会时能够最早注意到谁的酒已经喝完，为他们叫服务员的人也会很受欢迎。

　　相反，只看得到自己的人，不够成熟，也不会讨人喜欢。

　　那该怎么做呢？

　　先来看这样一个故事。

　　这是我被邀请去朋友家做客时看到的。他们家中有一个一岁半的婴儿，我对孩子妈妈的说话方式感到由衷的钦佩。她采取的是"说我所见"的说话方式。

　　婴儿站了起来，妈妈说："站起来啦！"

　　婴儿笑了，妈妈说："啊，笑了！"

　　婴儿惊讶了，妈妈说："你惊讶了啊！"

　　自然而然地用语言把婴儿的言行传达给婴儿，所做的仅仅是重复。

　　这种交流的绝妙之处首先在于认真地看对方。

日常生活中，我们是否在以妈妈守候婴儿般的热情守候对方呢？只要将注意力很好地倾注到眼前人的身上，就会成为能注意到身边的人，别人对你的好感度就会有所上升。

要说"真好啊"的真正原因是什么

从聚焦于孩子的母亲身上能够学到的第二点是单纯。

人际关系中，没有必要特别地说好话。不做建议，不做否定，将目之所见宣之于口，这样就好，超级简单。

举例来说就是：领导给部下打招呼说"你看起来很精神"；社交网络上，给朋友的照片点赞；给邻居家升学考试的学生打招呼说"小 × 很努力啊"。

所有这些话语都没有了不起的大事，但对方听到后，心情都会变好，觉得"他在认真地看着我啊"。

这与那些想说对方好话，反而让对方感到郁闷的人形成鲜明的对照。

在这里我想强调的是，不仅要看着对方，还应该告诉对方"我在看着你"。什么都不说，是无法将自己的关注传达给对方的。

"你剪头发了？""你穿新衣服了？""这双鞋很红啊！"……重复"看到"→"说出"的过程就很好，不需要感想和评价。

请一定要留心记住，单纯地"看、说"就可以了。

益 **看到→说出，
就足以得到他人的喜爱**

16

益

说话方式

将逻辑和共鸣
用于不同场合

好感度
85%

损

说话方式

想让所有的事情
都符合逻辑

反感度
78%

某一天，家中的水管破裂，待在家里的妻子感到很棘手。夜里，她对回家的丈夫诉苦。

妻子："今天家里的水管破了，真是很辛苦！"

丈夫："这种情况需要马上找修理工。"

妻子："但是，一时怎么也找不到修理工的电话。"

丈夫："所以，我说过的，平日里为以防万一，要把相关电话贴在冰箱上，对吧？"

妻子："为什么你要这样说？够了！"

这种情况下，妻子首先希望丈夫倾听水管破了，自己是多么辛苦，希望得到对方的共鸣。

然而，丈夫这边说的却是道理和对策，"水管破裂时该怎么办""为此平日要做怎样的准备"，这里夫妻二人存在着偏差。

丈夫这种试图用讲道理的方式解决一切的态度是会让自己受损的。

无法理解对方想谋求共鸣的心情，不知不觉总是讲道理的人，平日里说话和思考都爱讲道理。这种人多会被认为很"聪明"、很"冷静"。

他们惯于采用好用的说话方式，因此不会尝试自己不习惯的说话方式。**这种人首先要养成理解对方情感的习惯，哪怕只是形式上的也好。**

特别需要注意的是，发生刚才那种纷争的时候，是对方最需要情感共鸣的场景。

因此，如果对方说"今天家里的水管破了，真是很辛苦！"丈夫不要说"然后怎么样了？""已经找过修理工了吗？"而要首先充满理解地说"那真是好辛苦啊！"

这时并不是要对水管破裂这件事有所反应，而是应关注对方的感受——很辛苦。仅仅这么做，对方就会感到"他在倾听我的话""他和我有共鸣"。

共鸣失灵的商务场合

相反，**进行业务汇报时，需要的是逻辑而非情感。**习惯于共鸣的人，此时会感到很辛苦。

当领导问起"汇报发言怎么样了？"如果你和盘托

出自己的感受，回答说"真的很辛苦，非常累。"这时领导会焦急地说出"我不是想听这个，是想问工作进展顺利吗？"

此时需要你充满逻辑、果断地回答"进展顺利！下个月会深究细节。"

说话重视情感的人，工作中要注意先说出结论，这样效果会更好一些。

益　**私事中要有共鸣，**
公事上要讲逻辑

第 **2** 章

聚会
·
约会篇

....

采用这种说话方式，
让你总能得到邀约，
更受欢迎！

01

益

说话方式

收到邀约
先回复是否出席

好感度
83%

损

说话方式

收到邀约
迟迟不回复

反感度
76%

　　假设你被邀请参加聚会或者聚餐，这时，你是否像下边这样回答过？

　　"我想这周五咱们一起去喝点酒，怎么样？"

　　"啊？星期五？都有谁会参加？"

　　"××和〇〇可能会来。"

　　"地点在哪里？"

　　"这个，我还没有预约……"

　　"之后还能去二次会（去下一家店）吗？"

　　"这个不到那时不得而知……"

　　对于邀约，不回答是与否而是不断地追问其他信息，这是一种让自己受损的说话方式。

　　而且，如果是回复短信或在聊天软件上这样回答，会被大家认为是个麻烦的人。多次反复追问"谁会来呀？""会费是多少？"如果最后还是选择拒绝对方，说"这次我还是不去了"，对方就会决定"下次我绝对不会再邀请他！"

邀请别人本来就很费工夫，对方却不尽快回答，而是反问各种信息，当事人当然会变得急躁。我们应当放弃这种估价式的交流方式。

"我去"是个万能词汇

好的说话方式是首先说"我去"。对方问"×月×号，怎么样？"如果有空就马上回答"我去"。仅仅是这样，对方便会相当高兴。

回答"我去"之后，如果还有什么担心的，另行告诉对方就好。

"我去，只是不知道几点能结束，能否告诉我大概的结束时间？"

"我去，顺便问一句，还会有什么人来？说实话，我有点担心……"

如果难以当即回答"我去"，就表达出自己"想去"

的心情吧。于是邀请者会积极而肯定地读取你的话："他想去啊。"总的来说，邀请者想尽早了解你的想法。能去？还是不能去？是想去还不能确定下来吗？因此，可以这样说"我想去，但还不知道当天是否另有安排，确定后再和你联系！"

只要这样回复，对方对你的印象就会大为改观。

但是，如果已经确定不能参加，该怎样拒绝呢？

首先要表达自己的感谢之情，"谢谢你的邀请"；再说"这是很好的计划"。感谢和赞美是怎么说都可以的。对对方说"谢谢你的邀请，这看起来是很好的聚会。不过，很遗憾……"这样就不会让对方产生不良印象，应该还会再次向你发出邀请。

**益　马上做出答复，
还会多次收到邀请**

02

益

说话方式

能和所有人畅谈

好感度
80%

损

说话方式

只与亲近的人相谈甚欢

反感度
79%

你是否有过这种经历：很多人一起交谈时，不由得会气氛热烈地讨论起小团体话题。

"啊，说起来 ×× 好像结婚了。"

"啊？真的吗？和谁？"

这种谈话在一对一的交谈中是完全可以的，但如果在场的第三个人不认识 ××，便会感觉很孤单。

这种孤立某个人的交流方式是让自己受损的说话方式。

对于只说小团体话题的人，理所当然地"下次不能再邀请他"。

为了不成为不被邀请的人，大家聚在一起时便有必要下定决心不再谈论小团体话题。

初次见面的三个人，如果共同的话题只有天气，那就努力地谈论天气吧。或许有人认为天气的话题很老套、很无聊，但比轻松的小团体话题要好很多。

　　"好热啊，夏天来了""今年热得好早啊"，这样一边谈论天气，一边努力地寻找深入谈话的机会。

　　不一会儿，话题得以继续深入，"这是异常的气象吧""我大学时学的是地球环境科学""真的吗"。

无论如何都想说小团体话题时的绝密大招

　　不可避免地谈及小团体话题时，也要顾及别人，让人受益的说话方式是：对团体话题加以解说。

　　"你还记得××老师吗？"

　　"记得！（面向不认识××老师的那个人说）××老师是位非常有趣的老师……"

　　听到解释的人是否真的明白并不会成为问题，重要的是传达出不孤立对方的信号。

　　或者也可以这样问对方："我们稍稍开一下同学会可以吗？"这是另一种方法，这时对方一定会说："请开

吧。"于是，稍事热闹之后，同学会结束了，之后再回归
到三人共同的话题上。

小团体的话题既轻松又愉快。**但多人交谈时，重要的
是拿出态度，告诉大家"我重视所有人""我在乎在座的
所有人"。**

比起只和某个特定的人聊得热火朝天，没有那么热烈
却让大家都喜欢的话题应该会更有益处、更受欢迎。

益 顾及所有人，会让你更受欢迎

03

益 说话方式

用对方的语言交谈

损 说话方式

用自己的语言交谈

好感度
78%

反感度
67%

在咖啡厅你是否有过这样的行为呢？

"您要点什……"
"热的。"

此外，在居酒屋（日本传统的小酒馆，提供酒类和饭菜）你是否有过这种行为呢？

"不好意思，'生中'！"

或许有人会觉得这些只是小事，但在餐饮店不看菜单而草率地点菜的人，是不会受欢迎的。

服务员听完，必须把这些话一一翻译成店里菜单上的内容，"热的混合咖啡，对吧？""生啤，中杯，对吧？"

有些人会觉得"这有问题吗？"这些人可得注意了。

点餐时，用自己的语言而不用店里的语言，这种态度有一种没有意向配合别人的特征。这种态度也会传达给服务员之外的其他人。

作为客人，态度傲慢，采取一种不配合的态度，看在眼里的人都会产生不快的感觉。

我有一个朋友一喝醉，去任何一家店都会说："请给我上一整根腌黄瓜。"当然，他并不看菜单。

店里的服务员会亲切地回应道："整根腌黄瓜店里没有，咸菜拼盘的话还是有的。"但服务员内心想对他说的是"你先认真看看菜单"。

这类人无论去哪里都想用自己的语言，强行推行自己的原则，是因为这样做更轻松。虽然轻松，但对自己并无益处。

用对方的语言交谈

让自己受益的说话方式是采用对方的说话方式。

如果菜单上写着蒜蓉干炸雏鸡，我便不会说干炸雏鸡，而是尽可能地说蒜蓉干炸雏鸡。如果茶餐厅的菜单上写着"混合咖啡 热"，我就不说"热的"，而是说"请给我热的混合咖啡"。

　　入乡随俗，我们要认真遵守当地的规则。总的来说，
是要配合对方。

　　顾及对方的感受会给人好感，让你受益无穷。

益　**配合对方的语言习惯，
会留下好印象**

04

益

说话方式

配合大家，『什么都行』

好感度
65%

损

说话方式

坚持自己对食物的偏好

反感度
71%

聚餐选择餐厅时，有些人总想坚持自我原则，这样做并没有好处。比如有些人过度讲究，无论去哪家店都会执着于葡萄酒的品牌，这种人就是典型。

"我尽可能只喝不含抗氧化剂的葡萄酒。便宜的红葡萄酒，醉后会难受吧？"

或者，下班后大家决定一起去吃饭，不知不觉已经决定今天吃比萨，这时候如果有人强调自己的想法，说"我觉得今天吃寿司比较好"，这是很让人头疼的。

再或者，有人提议说："如果吃比萨，我们打车去银座吧。我知道一家店，味道特别好！"但其实其他人心想的是"我想迅速吃完，赶快回家"。

大家一起吃饭、喝酒，最重要的目的是和这些人一起度过愉快的用餐时间。想吃什么、哪家店有气氛这些内容的排序并不靠前。

探寻美食、寻找好吃的店、讲究红酒的品牌本身并非不好，但可以与同样讲究的伙伴一起讲究。

和同事一起吃饭，和学生时代的朋友一起喝酒，试着转换心情、调整心态，明白今天大家要一起愉快地度过，而不是吃美食。

将交流与美食混为一谈存在风险

交流和美食是两回事。有些人过于讲究美食会惹人讨厌，是因为他们将二者混为一谈了。

如果一开始就能想通"今天不是讲究饭菜、展示自己渊博知识的时候，只要能和朋友们愉快地交谈就好"，这样，即使菜单里没有自己喜欢的红酒，饭菜稍微不合口味，也不会太在意了。

另外，一进餐厅就表示对这家餐厅不满也是不好的。"啊，这里的葡萄酒量很少""牡蛎的味道稍微有些……"这种摆出美食家姿态的发言会破坏气氛。走进餐厅后，不要口吐怨言。言语消极的人，将不会再次获得邀请。

相反，**让人受益的说话方式是口中常说"什么都可以"**。

当然，如果全体成员都说"什么都可以"，也是无法决定的。"意大利料理怎么样？""日式料理如何？"提出自己的建议，但仍会配合大家的想法的人，最终会受益。

益　抛却讲究，会获得更多邀约

05

益

说话方式

对服务人员礼貌有加

好感度
82%

损

说话方式

对服务人员傲慢无礼

反感度
80%

"我的三瓶生啤怎么还没上？"

"这个和点的不一样啊，给我好好确认一下！"

如此这般，在餐饮店以上帝自居，盘腿而坐、态度蛮横的人，是不会让自己受益的。

虽然平日里是个不错的家伙，可是到了餐饮店却对服务员语言粗暴，到头来，向餐厅投诉说服务员"没有做到这些"。这样一来，愉快的聚会就被搞砸了。

餐饮店里的这些行为是最容易暴露一个人的本性的。**对服务员的态度不好，不仅是餐厅服务员，同行的人也会感到难堪。**不注意这一点是没有好处的。

餐厅中偶尔也会有这样的人。

比如，对厨房工作人员发怒的主厨。

"你没一点儿用！重做！简直……（面对客人）您需要点什么？"

即使突然改换成笑脸，我们也只会感到恐怖。

出租车司机有时会突然用粗鲁的语气说话。"去哪？"听到这种话，谁都不会有好心情吧。

店内服务迅速提升的秘籍

让自己受益的说话方式是不论对象是谁，都能顾虑到对方的感受，做到礼貌地讲话。而且，要做到不破坏在场所有人的心情。

那么，具体哪种交流方式是最理想的呢？

首先，说谢谢是最基本的。

另一个秘诀是用名字称呼店内的工作人员。

我有一个朋友，能迅速和服务员变熟络并使自身受益。

他的做法是在确认工牌上的名字后，用名字称呼服务员，以"小×"代替人们惯用的"服务员"。而且，还不忘说些奉承话，"今天就请小 × 来给我们点菜"。

　　理所当然的，被这样对待的服务员会变得亲切起来。偶尔会多给些菜，说这是店里的赠品，有时还会给他打些折扣。

　　对服务员态度亲切，不仅能使人际交往受益，同时也会得到实惠。

　　用餐时能够很好地照顾到别人，服务员自然也会对你抱有好感，同桌的人、一起来饭店的人、身边的人都会心情大好。

　　周围的人一定也在看你怎样与人接触，敏锐地判断你是一个怎样的人。如果能意识到这一点，你得到的好评将会大大增多。

益　**对服务员的体贴，
也会传递给身边的人**

06

益 说话方式

总之会避开敏感的话题

损 说话方式

为活跃气氛，讲低俗的笑话

好感度
88%

反感度
67%

下面是我参加某次酒会时遇到的事。

酒会上，很多人都是第一次见面。一位男士兴致勃勃地谈起了夜店这个话题。

"九州有这样一家店……据说很多艺人也光顾……"

在场的女性虽然强作笑颜，但明显都满脸尴尬。感受到现场尴尬气氛的男人们也都难为情地笑着。

而说话的人原本是打算活跃现场气氛才谈起这样的话题，这真是让人头疼啊……

不必说，敏感的话题不适合成年人之间的交流。确实，男人之间的聚会搬出低俗的段子会感觉彼此间的距离得以拉近。晚上聚会，大家有时说些不着边际的蠢话，现场气氛会变得活跃，也都会感到愉快。但是有句话说得好："亲不越礼，近有分寸。"必须搬出低俗的段子才能得以亲近的关系，反过来说，这关系只有低俗的段子才能让气氛热烈起来，只能算是二流的沟通。

说些下流话来看对方的反应，这明显会让人讨厌，失去分寸还有可能被人指控。

有人会讨厌恋爱的话题。

"你和女朋友之间怎么样？""有女朋友吗？""有男朋友吗？"谈这类话题也需要考虑关系亲疏，如果不注意可能会让对方感到不快。

有关外表的话题，当然也应该回避。

在搞笑节目中，艺人也会以外表为话题赚取笑点，但拙劣地模仿这些是危险的。

让人受益的说话方式总的来说是不开黄腔。

无论什么场合、和谁在一起，即便是同性之间，也要避开敏感的话题，这是最无可非议的。

推荐大家以饮食为话题。"你喜欢或者讨厌吃什么？"——以这句万能的话作为开头是不是好多了？

　　人际交往中，并非只要气氛热烈就好。总的来说要避开可能使人感到不快的话题，这是成年人的礼仪，是会让你受益的说话方式。

益 **避开低俗的段子和下流话是上策**

07

益

说话方式

适当地讲述自己的事情

好感度
83%

损

说话方式

对自己的事情一味遮掩

反感度
68%

"您在出版社工作啊，出版过什么书？"

"嗯，各种各样的书。"

"今后大家都看电子书籍了，对此您怎么看？"

"这个，怎么说呢？我没有想过这个问题。"

"……"

你是否有时会这样，无论对方提及什么话题，总是推托搪塞，态度暧昧？

被咨询意见时，含含糊糊、支支吾吾，如果话题指向自己，会选择努力岔开。总的来说，这种总是试图隐藏自己的方式实际上是让自己受损的说话方式。

其实，我曾经也是这种类型。

"您热衷于做什么"，对对方接连不断地发问，可是话题转向自己，在被问及"五百田先生您呢"的时候，我会敷衍搪塞地说道"还是别提我了"。

启动自身防卫的本能，有种不太想暴露自己的感觉。所谓的自我意识过剩，进一步说或许是不信赖对方。

克服谈及自己便害羞的方法

让自己受益的说话方式是能适度地谈及自己。

当然，总以自己为话题的人，贬低式地炫耀自己也是无益的。**向对方表达我信赖你的信息，适度地谈及自己是最好的。**

对谈论到自己会心理防线过高的人，我们有两个方法。

一是从共同点切入话题。如果对方说"我曾经打过棒球"，你就说"我也是啊"；对方说"暑假我打算去夏威夷"，你就说"啊，我也喜欢夏威夷"。找到双方共同的地方，并传达给对方就可以了。

另一个秘诀是从**第三方的角度切入话题。**

如果不好意思说"我是这样想的"，那就尝试说"最近有这样一件事"。从第三方的视角切入话题，"我朋友说过这样的话题""公司的领导这样考虑"。于是马上就能轻松地讲述自己的观点，而不会给人过度自我主张的感觉。

再给对方多一点信赖，多谈论一点自己，让对方了解自己。只要抱有这种意识，就一定能掌握让自己受益的说话方式。

益 **很好地坦承自己，**
可以拉近彼此间的距离

08

益

说话方式

口头禅是『看起来很有趣』

损

说话方式

口头禅是『我很忙』

好感度
77%

反感度
77%

"周末也要工作，睡眠不足，真让人吃不消！"

"这周的晚上一直不得闲……"

有些人总是这样忙。

有很多工作、各种活动，在准备考取资格证书……

无论谁看到都会觉得："这么忙的人，即使邀请他喝酒也不会来吧？"自然而然，得到的邀约机会就会减少。在人际交往中，装作很忙对自己没有好处。

我们讨厌被拒绝。没有人想被人说"不"吧。

正因为如此，我们从一开始便会对很有可能拒绝我们的人敬而远之。其中的代表人物就是总是很忙的人。

顺便提一句，结了婚的人很少再被邀请去喝酒，或许是因为同样的原因吧。本人会说"完全没关系，一定要邀请我"，可是大家会觉得"你看那家伙，有家庭了"，于是敬而远之。说到底，这是因为发出邀请的人会避开有可能拒绝自己的人，存在着这样一种心理驱动。

当下社会，社交网络的普及使得人与人之间的交流机会多了起来。心血来潮，忽然想邀请某个人的时候也不断地多了起来。

而被人认为很难邀请，便是一种对自己无益的状态。对方觉得你"总是很忙，还是算了吧"，那就基本代表关系的终结。

恋爱顺利的人是"××的人"

改进方案是：首先注意不要说"我很忙"。 在真的很忙必须拒绝邀约时，也必须主张自己"并不总是这么忙""当天正好有约，不能前往。下周的话，时间就充裕了"……附上这些话是很奏效的。

营造出容易赴约的感觉，方法除了有空以外，还可以彰显自己的好奇心。

平日就要有意识地彰显自己的好奇心，其轻松技巧是对外公开"想和大家一起去喝酒""看起来很有趣""我随时可以去"。于是就会有人邀请你："下次一起去吃俄罗斯料理，怎么样？"

"悠闲的人，得利无穷"这句话，实际上也适用于恋爱。

例如，如果你有心仪的对象，那么秘诀就是要经常在那个人的身边徘徊。经常进入对方的视线，从而进入对方的心中。

通过社交网络偶尔给对方发发信息，把自己与对方的谈话置顶也是特别推荐的方法。增加被邀约的概率，恋爱也会顺利起来。

益 预先宣称自己有时间，
会容易得到邀请

09

益

说话方式

说『下次我来邀请你』

损

说话方式

说『下次请继续邀请我』

好感度
76%

反感度
66%

下面是我之前参加聚会时遇到的事情。

包括聚会发起人在内，参加聚会的人员是三位四十多岁的男士和两个刚进入公司第二年的年轻男孩。

酒会非常热闹，即将结束时，两个年轻男孩对聚会的发起人表达感谢："××先生，真是太感谢了，请您下次继续邀请我们！"一听这话，前辈就发起火来。

"'不是请继续邀请我们'，而是'下次由我们来筹办聚会吧'！"

被批评的两个年轻人看似无法理解，呆在原地。

前辈之所以会大为恼怒，是因为年轻男孩那种被动的、"请下次继续邀请我们"的态度。筹办聚会、邀请别人很不容易，联络起来也需要工夫，被拒绝还会心情不好。这样麻烦的事情让别人负担，回敬邀请人的竟然是心平气和的"请下次继续邀请我们"，这对有些古板的前辈来说是无法忍耐的。

现在被动的人渐渐多了起来。

不仅是上述被批评的年轻人，很多人都在等着被邀请。提起话题会问"是否有机会""开一个这样的会吧"，自己组织发起活动又觉得麻烦。

正因为身处这样的时代，所以必须有人站出来承担起发声的重任，这是一项工作。展示出"这次你做，下次我来做"的态度是十分重要的。如果完全没有这种意识，理所当然地以被动者自居，下次不被邀请也是很正常的。

不用"Please（请）"，而用"Let's（让我们）"

那什么样的说话方式是让自己受益的呢？

答案就是要说"下次还一起"。即，语言上使用"Let's（让我们）"而非"Please（请）"。

即便对方是你的领导也无妨。这么说，对方也应该不会生气。

当然，能够自己筹办聚会邀请别人是最理想的。话虽如此，但这确实很难马上做到。这种情况，小小地撒个谎也是可以的，如：

"下次我来筹办！"

"下次我来邀请大家！"

向大家传达出一种积极的情绪和干劲，这是十分重要的。

传达出自己不是被动地等待，被人邀约的可能性就会加大。

恋爱也是如此。即使遇到好的、有趣的、漂亮的人，如果持有请继续邀请我的态度，也是不会再有第二次的。因为这句话，失去发展机会的概率绝对不会小。

益　**自己发出邀请，才能再次得到邀请**

10

益

说话方式

表里一致

好感度

79%

损

说话方式

表里不一

反感度

70%

"那个人真是表里如一啊！"

如果别人这么介绍你，说明你做得很好。**"正如看起来那么温柔""正如看起来那么认真""正如看起来那么有趣"，这样的人大家都会感到安心，乐于接近，交流起来也很轻松。**

我以前遇到过这样的事。

宴会上，一位男士紧绷着脸独自站在一个角落。

"他看起来很难接近，不过，这也是难得的机会……"当我尝试跟对方聊天时，出人意料的，刚刚沉默不语的那个人仿佛早有准备一般，迫不及待地面露笑容，饶舌般地开始了谈话，让我大吃一惊。

我想告诉他："如果是这样，你倒是一开始就摆出想说话的表情啊！"

外表和内心存在差距的人，有时也会被认为很有趣。"他看起来很凶，实际上是好人"，这种人多数是被喜爱的人。所谓的差距具有一种冲击效果，有时在恋爱中也会发挥作用。

但日常生活中如果尽是差距，就会让身边的人感到疲累。**不麻烦的人表里如一，而外表和内在存在差距的人就是稍微有些麻烦的人。**差距过大，在人际关系中是不会受益的。

炫耀差距是一种自我满足？

容易了解、表里一致是人格稳定的表现。容易让人了解、便于说话的人，相应的，被邀约的机会也会增加，工作机会也会增加，朋友也会增多，无论去哪里都会被人们喜欢，有百利而无一害。

因此，觉得表里有差距是件好事的人，要小心了！

"虽然看起来这样，实际上我喜欢搞笑""虽然看起来冷淡，但我喜欢聚会"，这样渲染自己的内外差距而感到满足的或许只有你自己。

尽可能试着成为一个让人容易理解的人，但并非让你成为一个简单的人。如果希望对方理解自己的某些侧面，坦率地讲出来，宣之于口，是有好处的。

如果你喜欢说话，就在宴会上微笑着和人打招呼。如果想让人了解自己是个热血男子汉，平日说话时就尽可能稍稍抬高音调。

请放弃一些小花招，不要觉得"如果有点差距是不是更有趣呢"。去表现出自己易于被理解、率真的一面吧。

益　**易于了解的人，
更能与人融洽相处**

11

益

说话方式

根据场合演绎不同的自己

好感度
65%

损

说话方式

过度强调真正的自己

反感度
72%

有句话叫作"真正的自己"。

"做出假笑迎合对方那不是真正的我。"
"这么痛苦地做销售，低三下四，这不是真正的我。"
"我想做回真正的自己，自由地工作。"

过度强调真正的自己，试图让人理解，是没有益处的。

不拘泥于真正的自己，根据不同场合演绎不同的自己，才是让自己受益的说话方式。

在客户那里，试着扮演努力工作的销售人员；在职场，试着成为晚辈可以请教意见的亲切前辈；在朋友中，试着更有趣……大家都在无意识地分别演绎着不同的角色。

这可以说是非常成熟的表现。小孩才会对一切都率性而为，不想配合对方。

这样演绎下去，如果做得好，就会受到对方喜欢，被认为是有趣而快乐的人——爽朗、亲切、乐天、热情……

让关系不和睦的两个人和解的诀窍

如果做得好，不仅会成为受欢迎的人，在人际关系中也不会受到伤害。

在每个场合，认真地扮演适合的角色吧，采用这种方式与对方沟通，即使被否定也不会伤害真正的自己。 "嗯，这个角色失败了，反省反省。" 做到保持冷静，以寻找对策。

朋友的公司有一对关系极其不和睦的 A 先生和 B 女士。对于这一点，公司的同事都很担心，于是朋友决定采取措施解决他们之间的问题。

某天，朋友将两人同时叫出来，说了下面的话。

"不是说让你们和好，而是让你们装作关系好的样子。"

话说到这里，两人都表示理解："好的，既然你这样说，我们就按你说的做。"之后两人便装作关系很好。于是不可思议的，两人的关系确实有了和解破冰的迹象，公司内部的气氛也变好了。

扮演、装作、摆出样子，这些在人际关系中也是有益的行为。

**益 扮演不同的角色，
人际关系会变好**

12

益

说话方式

反应热烈，兴趣盎然

好感度
78%

损

说话方式

毫无表情，面露无聊

反感度
73%

越是认真的人，越会努力遵守本书的内容，会过度认为不遵守这些原则就不行。但如果对方也摆出某种态度，交流就不会顺利进行。

最有益的说话方式还是要保持愉快。如果你感到愉快，对方也会感到愉快。快乐的气氛会传染。

我在做演讲时，努力做到保持愉快。

以前总会感到紧张，面部也会变得僵硬。参加这种演讲，听众也会紧张，不能享受地听下去。

演讲者首先要面带微笑，然后保持愉快。这样，听众也会变得快乐起来，演讲也将会顺利进行。

下面来看看怎样才能做到愉快地交谈。

首先，尽可能表现出自己很快乐，哪怕说谎也好。将自己的快乐准确地传达给对方。

比如，夸大自己的反应。

特别是笑的时候，要尽可能地大声、看似很愉快地笑出来。看到对方笑，人自然会被吸引，也会跟着笑起来。

　　还有，要看着对方的眼睛，夸张地点头，并且不要忘记笑容。

　　关于点头有一个小小的窍门。比起口中说"嗯"，然后频繁地点头。更好的做法是一直安静地倾听，偶尔大幅度地点头，同时嘴里说"这样啊"。这样既有真情实感，也会让对方放松，继续谈下去。

"太酷的人，不太受欢迎"，这是事实

　　酷酷的人不太受欢迎。如果是酷而有趣的人或许另当别论。但是大多数酷酷的人并不是特别有趣，因此仅仅酷是没有益处的。

　　仔细观察就会发现，被公认为很有趣的人，多数是反应热烈的人。并非对方说了什么有意思的话，而是他的反应热烈。

　　如果对方笑容满面地说"那个好厉害啊""简直太有意思了"，人们不禁也会想："这样啊，那件事很有趣吗？"不由得会认为你也是个有意思的人。

　　高兴时，通过将这份高兴的心情，高调地表现出来，也会将快乐传递给对方。于是，整个现场也会轻松快乐起来。成为一个能够感染别人的人，人生将因此获益，其秘诀就在于此。

益 看起来愉快，
就会被认为是愉快的人

第 **3** 章

职场
·
商务篇

····································

采用这种说话方式，
让你工作得到好评，
更加出色！

01

益

说话方式

说话具体

好感度

77%

损

说话方式

说话模棱两可

反感度

66%

下面我们来介绍工作场合让你受益的说话方式。

私人场合与工作场合需要不同的说话方式，不要怕麻烦，分清私人场合和工作场合，切换恰当的说话方式，这是很重要的。

私人场合有效的说话方式是读取现场气氛（察言观色）、共情同感，模棱两可地说话。但在工作中，模棱两可的交流方式是有害的。十分清晰、具体，才是有益的说话方式。

我们举例来看下面的谈话。

"预算怎样考虑才好呢？"

"那个，到时候再商量决定吧！"

"下次聚会怎么办？"

"那个，下次再发 E-mail 进行调整，怎么样？"

"啊……这样啊。"

"好了，这感觉差不多，拜托你了！"

"……"（那个感觉是什么感觉！什么都没确定啊？）

谈话太过模糊，会使得事情完全没有进展。

在工作中遇到这种人会很难受。这种人什么都不决定，口中都是"之后发信息再联系""到时候再商量"，或者是"回去再研究"。这些都是对自己无益的说话方式。

此外，总是指示模糊、完全放手不管的领导也会让人感到为难，他们口中常说"上次你做得很好，拜托啦"。还有人在工作邮件的最后总是写着"拜托了"，却完全没有具体的工作指派，这也很让人厌烦。

"请确认后再联系""请于××号之前给予答复"，如果没有这些具体的信息，我们会疑惑自己到底该做些什么。

超级简单的秘诀，让你成为别人眼中出色的人

好的说话方式要具体。

为此，要养成姑且做出决定的习惯。

要事先跟对方打声招呼，说"也许之后还会有所变

更，暂且先这样"。语言上要养成习惯，说"下次磋商，定于 ×× 号进行"。

　　另外，谈话中使用准确的数字，能够给予对方更为具体的印象。比如"到 × 月 × 日前""请准备 ×× 个""预算是 ×× 日元，拜托您了"等。于是，你会被当作工作出色的人，这会让你受益匪浅。在工作中，没有数字往往会让人感觉不够清晰、模棱两可。交谈时，加上数字说明，才更为具体。

益　**说话具体，工作会进行得更顺利**

益

说话方式

自行思考，逐一报告

好感度
81%

损

说话方式

不主动思考，希望得到具体指示

反感度
67%

虽然刚刚讲过工作上的交流要具体，但是有些人过度要求领导指示得更具体、更细致，于自身是没有益处的。这些人就是所谓的待指示人群。

有些人被委派工作，会不断地发问，诸如"怎么办才好""为什么这样做""截止日期是什么时候"等。

例如，在被要求整理一下会议记录时，竟会回问怎么整理。如果派给他两项工作，竟会提出日程安排的问题，"这两个工作先做哪个好呢"。

指派工作的人会觉得"这种事你自己做主就好啊"。

勤于汇报是公司职员的护身之术

话虽如此，但也不是说可以擅自采取行动。有时出于好心，自己做了决定，反而会让领导焦虑，因为他会觉得"情况完全不明""你所做的与我的想法存在差异"。

那么，怎样做才最好，让人受益的说话方式是怎样的呢？

答案不是擅自采取行动，而是思考和提议。

"关于××事，我想这样，您觉得呢？"

不是随心所欲地行动，也不是只一味地静静等待指示。自己动脑思考，给对方拿出提案。如果同时准备多个提案就更好了。

这样一来，领导和相关人员就会非常轻松地做出指示。"试着往A方向推进吧"或者"把这里修改一下"。而最为重要的是，这样做自身评价会得到提高，会被大家认为有干劲，益处多多。

不寻求具体的指示。

反而汇报要更具体，更细致。这也是有益处的说话方式。

"关于××事，我在以这种状态推进。"

"关于预算，我在等对方的答复，明天之前向您汇报。"

　　具体可以用 E-mail 或者口头上提前一一告知对方。

　　这样做，也是公司职员一种规避责任的方式。因为已经提前告知大家，如果之后发生纷争，至少不用自己一个人负责任。

　　同时，这也是以防自己因身体不适不能上班而耽误工作。为保证无论发生什么情况，工作都能顺利推进，就要共享所有信息，这是集体工作的必要条件。

　　没有具体指示就不能采取行动，这是一种被动、消极的心理。这种人得不到他人的积极评价。自己思考，提出提案，逐一汇报工作进度，才是有益的沟通方式。

益 提出提案，进行汇报和分享，
自身评价会得到提高

03

益 说话方式

马上进入正题

损 说话方式

开场白过长

好感度
74%

反感度
70%

"你说有事商量，是什么事？"

"那个，这次田中不是要调走了嘛！"

"啊，是吗？"

"我呢，不是一直承蒙田中的各种照顾嘛。比如我去年因为疝气病休时，客户都是田中帮我联系着。不，我想不仅是我，其他人也应该得到了他的照顾，田中很会照顾人。于是……不，但我想，要是大张旗鼓地搞一个呢，也会过于让人费心，也有些那个……但是还是……"

像这样，有些人自己主动提起话题，却怎么也聊不到正题。

上面的例子中，虽然不确定，但大致也能明白，对方是想商量给田中开一个饯别会，或者买礼物的事情。

但是，开场白过长，让人不知所云。迟迟不见进入正题，这是极其无益的说话方式，对吧？

为简明扼要，偶尔采用英语表达

好的说话方式是直接说出正题。

秘诀是，先聚焦一件事。

人们之所以不能马上谈及正题，是因为一下子想向对方说太多内容，不能简单总结成一两句话。

既想商量选择哪家店开饯别会，又想商量如何选择礼物，如果可以的话还想一起考虑一下饯别会上的节目……诸如此类，一边思考各种事情一边交流，就会出现上面的谈话。

对此，要开门见山，见面就说"我想和您商量一下定饭店的事情"。只需要这么说，对方就会马上明白"可不是嘛，定饭店"。其他问题，在确定饭店之后再进行就好。

与领导商量事情时，也要从正题开始。

如果张口就说："那个，最近有件事十分困扰我，犹豫着是否要和您商量。如果没什么大事倒也还好……"这样说话领导会态度冷淡，觉得"这可真是个麻烦的家伙，我也很忙的"。

所以要开门见山，直接说出正题："我想和您聊一聊客户投诉的事情。"这样一来，领导也会随之立刻进入正题。

　　在商务场合，总的来说，简洁的交流是关键。

　　为达到这个目的，可以想一想这个用英语怎么表达。日本人用英语传达自己的想法时，就不会有太多前置词（日本人习惯在说正事前加上前置词，以表示礼貌）。表达起来会很简短，比如"我想如何处理 ×× 事"。如果有时不由自主地想加前置词，就有意识地尝试用英语说，这也是一种有益的说话方式。

（益）**开门见山，直接表达，
对方也会给予很好的回应**

04

益

说话方式

自己有想法之后
再去拜托别人

损

说话方式

将任务委托他人后
又牢骚满腹

好感度
79%

反感度
72%

在商务场合中，"交给你办吧"这句话是没有益处的说话方式。

"具体的就交给你了。"

"发货地由你决定就好。"

"设计和样式就交给你了。"

虽然这么说过，但按照他的指示照做之后，这人却又会说："不，不是那么回事……能不能重做啊。"

被这样要求，谁都会产生厌恶的情绪，觉得"你不是说全权交给我了吗？这样一来，我这一周的努力算什么呀"。

"全权交给你了"，一旦说出这句话，就有了信赖对方的感觉，给人以大方、胸襟开阔之感，被委托人也会因为得到委任而感到高兴。

但如果最终说出一通不满，命令对方重做，这就完全失去意义了。这种人自己偷懒，不想思考，只是用"交给你了"来逃避思考。

有益的做法是在自己坚定想法之后，再具体委托对方去办。

如果是有的放矢地拜托，被委托人也能明白"原来如此，要这么做"，工作定能顺利推进。

事过境迁二十年，我仍然忘不了资深编辑的话

如果还是要交给对方处理时，注意事后绝对不要抱怨。

因此，平衡的做法是分清哪些部分需要交由对方处理，哪些部分不需要对方处理。如果能提前告诉对方，哪些内容听从指示，哪些部分全权交给对方，工作就会顺利推进。

我刚刚大学毕业的时候做的是杂志编辑，下面是发生在那时候的事。

当摄影师、插画师等专业人士向我询问"该拍个什么样的照片（该画个什么样的插画）"时，身为新人的我，分辨不清方向，一窍不通，难以给出很清晰的指示。

当时我内心的真实想法是，"你才是这方面的专家，还是请你来决定吧"。意想不到的是，有位前辈好像看穿了我这种全权委托的想法，对我说了下面这些话，让我至今难以忘怀。

"拍照、插画、设计和文章，全部都必须由你来完成。但全都由你来做，是没有尽头的，而且时间也不允许，所以我们要委托专业人士去做。因此想要什么照片，需要采用什么样的插画，你的头脑中必须有一个整体的形象。"

偷工减料的委托显然是不好的。委托对方时，要清楚地划分出委托的界线，这是有益的说话方式。

益 **认真思考之后再进行委托，事后便不会产生争执**

05

益

说话方式

及时联络，互动频繁

损

说话方式

疏于联络

好感度
82%

反感度
76%

如果你能及时联络，沟通通畅，那么你将受益良多。

相反，疏于联络，没能及时回复信息的人，将不会有所收益。

在商务场合中，只要保证及时联络，就能成为出色的人。只需要做到这一点就足够。给对方发去 E-mail，内容是"能否麻烦您一起进行磋商"，五分钟之后对方回复说"定在 × 月 × 日，怎么样"。"关于转账的事……"E-mail 发出五分钟之后，对方便回复说"我现在正在等待领导的回复"。

与这样的人共事，大家能够心情舒畅，顺利推进工作。

估计也有人会说："虽然你这么说，但一切未确定之前没法回复啊。"就算这样，只要联系说明"目前的情况"，对方对你的印象也会产生一百八十度大转变。

只要告知对方现在的情况，如"现在正在研究""到×× 号前给您正式答复""现在正在跟上司确认中"，你就会成为能干的人。

经常保持联络，共享工作进度，这些都是有益的交流方式。

但经常出现的是这种情况：和对方一直保持着联系，但偶尔不方便时，就突然不再联络。

比如下面这种情况：

很久之前的工作报酬一直没有支付给我，因此我向负责人询问"××事进展得怎么样了"。

然而对方从那时候开始就突然不再和我联系。可能是觉得相处不融洽吧？正当我感到不安，担心怎么回事的时候，终于，对方又发来了信息。

但是，里面写的竟是接下来的工作，内容是"当天下午四点请到××地"。而我呢，想的是"不，不，你倒是回复我关于报酬的问题啊"。

越是难以答复的事，越要尽早回复

首先要马上回复信息，这是规避纷争最重要的方法。

无论方便与否，如果不能很好地保持联系，对你自身来说是无益的。或者说，越是不方便时越要尽早回复。

回复太迟，不会让情况变好，只会让情况更糟。"这封信好难回复啊。"越是这种信，越要及早回复。

如果对对方来说不是好消息或者要拒绝对方时，到最后时刻才提出拒绝，那么对对方的打击会更大。

总的来说，联系要趁早，而且要频繁。要铭记这才是有益的交流方式。

益 **只要有联络，对方就会感到安心**

06

益

说话方式

先行道歉，再提及原因

好感度
79%

损

说话方式

一直分辩，不做道歉

反感度
70%

假设 A 和 B 两人上班都迟到了，你对谁的印象会更好呢？

A："电车停了……真的是让人很心急啊。最近，不是总有电车晚点的情况吗？真是受够了！我倒是很早就从家出发了……"

B："对不起！我迟到了！实际上，电车……"

不必说，当然是 B 给人印象更好些，对吧？

某件事情失败了，首先要认错，能做出道歉是有益的处理方式。

相反，一句对不起都不说，喋喋不休地找借口，是没有益处的。

这种情况下，电车晚点是一个正当的理由。实际上，晚点也是事实。关于这些，首先说一句对不起就能解决。诚恳地道歉，如果有正当理由，道歉后再向对方传达就好。

但如果自己没有过错，是否应该道歉呢？

举例来说，假设因为对方没有就日程安排及时与自己取得联络，导致自己没能参加会议。这种情况，真想说"不，他们没有和我联系""有提及日程安排吗"。但实际上，这样说会让你受益吗？答案是相反的吧，只会让自己的形象变糟。

就算对方有过错，也应该说"对不起，我没能参加会议"。在此基础上，加一句"我也应该更好地对日程进行确认"。

思考工作上产生的纠葛时，不应该找原因判断谁对谁错，只要考虑怎样说会有益处就好。

即使被问及为什么也不要回答原因

分辩其实是没有意义的行为。

批评别人时，人们常用的一句话是"你为什么要这么做"，如果你信以为真，认真地回答这个问题，比如说"关于我为什么要这么做这个问题，有如下三个原因……"马上就会落得个被训斥一通的下场。

　　这种情况下，对方并非真的要听原因。对这个问题，最好的回答方式是，一直道歉说对不起，只有这样。

　　分辩无论在什么情况下都不是积极有益的。

　　总的来说，为保证有效、顺利地沟通，我们应该选择对自己有益的选项。

　　首先道歉说对不起，之后尽可能地谈及原因。道歉在先，解释原因在后，这是有益的说话方式。

益　**先行道歉，再阐明原因**

07

益

说话方式

指出优秀之处

损

说话方式

只看到不足

好感度
79%

反感度
76%

当你拿着提案去给领导看时。

"首先，第一页的这里怎么没有数据？没有数据是不能这么说的。还有，最后的图表太粗糙，重做！"

如果被领导这样一说，你感觉怎么样？会干劲全无吧。这就是一种让自己受损的说话方式。

那么，怎样说才好呢？

"谢谢！你好快啊！第一页如果有数据就更完美了，但是我觉得总结得很好啊。这个地方再稍微精心点，加上一幅图怎么样？"

这样一说，对方一定会高兴。这是让相关人员都高兴的方式，可以说是一种有益的说话方式。

这种说话方式的要点如下：

首先要说"做得好""谢谢"。无论是什么工作，只要完成了就要给予肯定，说"做得很好啊"，然后表达感谢之意。不论工作做得怎样，都要先从积极的发言切入谈话。

而如果需要修改，该怎样提出呢？

正如刚才的例子，可以试着采用这种说话方式——"如果把这个地方修改一下会更好"。指出问题时要说"你能这么做会更好"，而不是说"这里不行""这里错了"，委婉地指出问题，对方也能愉快地接受。

要养成习惯，将工作向好的方面推进，而不是指出消极的方面。

经常在电车中遇到母亲对孩子说"不要大声喧哗"。但越是这么说，孩子越是会大声吵闹。

这种情况下，对孩子说"要温柔地说话""玩的时候要小声、安静"，效果会更好。同样，在工作中不要指出不好的部分，要引导对方往理想的方向推进工作。

"没问题吗？"这句话中存在的问题

确认下属做好的提案是否有错、是否有遗漏，这种针对问题的检查是一种"消极的检查"。

相反，找出对方做得好的部分或者下了功夫的部分，这种对好的方面的检查是积极的检查。

如果一直进行消极的检查，对下属经常说的话就会是"没问题吗"。相反，如果进行积极的检查，就会说"这里写得很好啊""这么短的时间里，总结得很好啊"。

如果学会做积极检查，自然而然，消极的说话方式就会减少，就能被大家信赖，工作也会变得愉快起来。这样你一定能更快地成为一个出色、能干的人。

益　找到对方的优秀之处，对方自然就会有干劲

08

益

说话方式

使用大家都
能理解的语言

损

说话方式

总是使用行业用语
和外来语

好感度
75%

反感度
70%

有些人总想使用专业术语或者外来语。

"对了，服务 launch 是什么时候？"

"那件事，agree 吧？"

使用对方不了解的词汇，更能表现自己知识渊博，具有专业性？乍一看，或许很帅。

但实际上，过度使用专业术语和外来语对自己是无益的。

有些人会觉得，如果使用这些语言，就能够抬高自己的身份，让自己看起来更有面子。就算你自己没有这些想法，如果对方这么认为，对你也是没有益处的。

使用专业术语带来的坏处，不仅是给人的印象不好，有时也会造成实质性的损失，比如业务停滞等。如果对方不懂得"launch"这个词的意思，就不能很好地进行沟通交流，对工作来说只有坏处。

"launch"说成"开始"就好，"agree"应该说成"赞成"。多余的话便是噪音，会让工作陷入纠纷。

不用专业术语

与此相对，不使用专业术语的人，会获益良多。

因为这样做，工作不会受到影响，得以顺利推进。采用相关人员立即能懂的语言，会让沟通更加顺畅。

要尽可能地用通俗易懂的语言说话。极端地说，应该用小学生都能懂的语言进行说明。

另外，给人的印象要谦虚，不要摆出自大的样子。与对方视线相交，能得到对方的好感，于己是有利的。

我们应当学习体育节目中使用的直播语言，其特点是简明易懂。

大家应该都听过橄榄球比赛直播时的画面解说吧，其语言简洁、易懂。如："刚才犯规了，球落向对方球队的死球线了。"网球直播时，是否也听过这样的解说："很好的落点，球的落点非常好。"两个解说都很简明，即便不懂球的人也能很好地理解。给人非常亲切的感觉。

同样，我们应该简明地说话，采用非本专业的人也能懂的语言。这样做，工作就能进展顺利，给人的印象也会提升，可以说是非常有益的说话方式。

益 **使用易懂的语言，就不会产生纠纷**

09

益	损
说话方式	说话方式
进行交谈时 称呼对方的名字	叫错别人的名字

好感度
73%

反感度
76%

我的名字（本名）是"五百田达成"，但经常被人弄错。

经常被写作五十田、百田、达也，还经常被读成各种读音，如"gomota""gotanda"等。

能很好地记住别人的名字是有益处的。

名字，是当事人要用几万次的东西，是每个人非常珍视的东西。不顾及他人感受，叫错对方的名字，会使得自己在他人心目中的形象大打折扣。

另外，如果记得住对方的名字，就要尽可能地用名字来称呼对方。多叫几次，头脑中就会记住，同时也能确定自己并没有弄错。

称呼名字，也能有效增进自己与对方之间的亲密程度。

以前，打电话交流时，我遇到一位印象非常好的女性，她在谈话中数次称呼我的名字。

"五百田先生，那就这样吧，这件事暂时搁置一下……"

"五百田先生，如果改变这个部分，那这里也需要改变，对吧？"

"那真是太好啦，五百田先生！"

当时 E-mail 还没有普及，从话筒中传来的声音，使得她慢慢在我心底留下了温暖的印象。

一流饭店的服务人员必做的事

一流饭店的服务人员或者高级美容院的前台，一定会这样称呼客人："×× 先生，您回来了？""×× 女士，您选择哪个服务？"

没有人会讨厌被正确地称呼名字。而且，不是面向别的人，是面向你而说话，这其中包含的诚意自然能够传递给我们。

"他很重视我""他很在意我"，如果能让对方感受到这些，相应的就会离有益的说话方式更进一步。

　　为达到这个目的，简单的做法就是正确地称呼对方的名字。

　　效果特别明显的是很多人一起聚会的时候。这种场合，很容易问完名字马上就忘记了。弄错名字会很麻烦，很多时候大家想逃离这种窘境，所以干脆选择不称呼对方的名字。正因为如此，一旦问清对方的名字，就积极地去称呼对方，这种人会受到更好的瞩目。

　　例如，"这位是××先生"，马上重复说"××先生，请您多关照"。开始交谈后，不厌其烦地称呼对方的名字，比如说："××先生，您最近对什么新闻感兴趣？"

　　正确记住对方的名字，并多次用名字称呼对方。这是一件简单的事情，效果却是显著的。

益　　**只需正确称呼名字，彼此的亲密度就会有所提升**

10

益

说话方式

不参与散播传言

好感度
72%

损

说话方式

乐于谈论、散播传言

反感度
72%

我们部门有位同事非常喜欢传播公司内部的传言。

"××和○○部长是同一所大学毕业的，所以没有被降职！"

"××因为上次业务失败被调走，好像接下来由○○来主持业务。"

喜欢散播传言的人，会被周围的人称为"信息通""万事通"。本人被这样称呼也未必觉得有什么不妥。

但是，不得不说，散播传言其实是没有好处的。

散播传言坏处很多。

首先是我们不知传言会怎样传播。举例来说，某个人被认为"工作干得很慢"。听到这句话的人可能会传达成"他的工作能力不行"。不断地，话题被添油加醋、添枝加叶，有时甚至会演变成"他完全不工作"。有时这些话还会传回当事人的耳朵。

不断散播消极的传言，总有一天散播者本人也会成为传言的靶子，被说成"他好像谁的坏话都说""他好像对管理层不满""他嘴不严"等。

能说的只有自己的所见所闻

此外，不管有无意识，传言中总是带着恶意。"他对女性好像很严厉""他工作很出色，可是家庭生活一团糟"等，这些话中其实隐藏着忌妒。

总之，传言会引发误解，是纠纷的源头。明确要求自己绝对不散布传言是最好的。

"好像"原本就是一种无益的说话方式，不确定的信息会给工作带来不便，让信赖关系破裂，蒙蔽人们的眼睛。

那么，怎样的态度是有益的呢？

答案是只说自己实际的见闻，只谈自己实际经历过的事情。

　　不要说"×× 先生工作好像干得慢"，但如果是自己经历过的就可以这样说："我和 ×× 先生共事的时候，他能很好地在要求期限内完成工作，质量也很好。"虽说这是很个人化的表达，却是准确的信息。

　　搜集信息，然后传播给很多人，会被称为"信息通"，但实际上得不到别人的信赖。比起成为信息通，还是成为可信赖的人更有益吧。

**益　不散布传言，
会得到别人的信赖**

11

益

说话方式

直言『我认为那样不好』

好感度
77%

损

说话方式

说教时会说『都是为你着想……』

反感度
69%

"我是为你着想才说的。"

"为了你的将来，允许我说几句严厉的话。"

你是否感觉上面的话似曾相识，是否被别人这么说过，也这么说过别人？

无论是谁，被人说教总会感觉很讨厌。虽然有时会觉得"的确，他说的有道理"，而有时又会感觉"我不想被这个人这么乱说"。

后者只会消耗你的能量，听完很难产生想"借此机会，重新做人"的心情。

其中典型的说法是"为你着想"。这里面有一种强加于人、让人厌烦的感觉，是一种无益的说话方式。

"为你着想"之所以无法被人接受，是因为其中存在着谎言的成分。当然了，如果是父母或者关系亲密的朋友，真正为你着想当然是好的，但是他们这么做的时候，会特意舍去这句台词。

反而是那种关系并不亲密、相互之间没有信赖关系的人会经常这样说你，因此惹人讨厌。

那为什么这些人会开口闭口"为你着想"呢？

实际上，他们是因为自己讨厌某些事、觉得不高兴、为了自己方便才说教的。但如果这样说教，会被当作利己主义者，并因此感到难堪。同时也担心批评别人会被对方讨厌，因此心生恐惧。于是，为了隐藏自己的尴尬（实际上已经昭然若揭），才特意提前预告，再开始自己的说教。

满是谎言的说教不会打动人心

和"为你着想"相近的说法有"我倒是还好"。

"我倒是还好，但你会为难啊。"

"我倒是还好，要是别人肯定会训斥你的。"

这其中充满谎言和伪善的味道，让人感到反感。如果"你还好"，那就别说。

有益的做法是不做充满谎言的说教。

要说"你那么做，我觉得讨厌，还是别那么做了"。

最初这么说或许需要勇气。"我倒是还好，只是为了你的将来……"比起这样说话的人，那些能够清楚地说出"我讨厌你那样做"的人，更能赢得大家的信赖，其建议也更能被别人采纳。

不要使用伪善的"为你着想"，开门见山地说"我是这么想的"，这是一种更好的说话方式。

益 **说"我讨厌这样"，**
更能得到对方的理解

12

益

说话方式

就算被训斥也若无其事

好感度
78%

损

说话方式

稍被训斥便情绪消沉

反感度
69%

如果身边有容易受伤的人，大家的压力就会陡然增加。只要稍微说些否定的话，对方就会迅速意气消沉、情绪低落。

"基于这样的想法，我觉得提出这个提案的时机还不够成熟，咱们再重新提交企划吧！"

"啊？"

"当然，我觉得切入点本身还是很好的。"

"对不起。我什么都做不好，我肯定不适合做这份工作……"

"不，不是那么回事……"

这样的人工作上只要稍稍被指出问题，就会如同自己被完全否定似的，心里遭受巨大的打击。指出问题的人还必须不断给予对方安慰，连说自己"并没有那个意思"。

这种被指出些许缺点、稍加批评就容易情绪低落的人，对自己是没有好处的。

首先，如果极易情绪低落，就无法推进工作。身边的人都要对他留神，渐渐地，谁也不肯指出他所存在的问题，就会导致他不能成长，无法进步。

过分乐观的人性格才最好

受益的是那种就算被训，也能若无其事的人。

"对他说什么都行"，如果身边形成这种气氛，大家就能毫不费心、顺利地进行交流，工作也能顺利推进。

因此，那些容易受伤的人，重要的是要分清工作是工作，对方绝不是在否定你这个人。马上转换心情吧，说"下次继续努力"。成为一个积极面对的人，才能成为被大家喜爱的同事。

将自身情感的感应器修复成积极正向的，也是很有效的。

原本，人就是这样一种生物。一百次积极的评价也抵不过一次消极的评价，我们会一直在意那个消极评价。

因此，即使让他对消极的话变得迟钝一些，可能也会很难。这就需要试着转换思维，让自己变得对"积极的事更为敏感"。

比如，"企划虽然未通过，不过切入点很好，这点得到了表扬，真棒！"

总是很开朗，被大家认为过分乐观的人，在所有方面都会受益。

益　为人开朗，
　　身边的人也会给予我们帮助

13

益

说话方式

将成功归因于其他人

好感度
73%

损

说话方式

自大得意，功劳自居

反感度
74%

大家应该都看过奥斯卡金像奖颁奖典礼的获奖感言吧。

"感谢生我养我的父母！"

"能够得到这个奖，我要感谢所有工作人员和给予我支持的人！"

所有获奖者都会这样，向身边的人表达感谢。采访职业棒球赛的主要得分者时也是如此。

"多亏队友们的支持，非常感谢他们！"

"谢谢粉丝们的支持，你们是世界上最好的粉丝！"

讲出这样的话，球场会瞬间沸腾起来。

不必多说，这种经常将自己的感谢之情溢于言表的人，是获益良多的人。

与此相对，运动员中也有人会做出攻击式的、充满豪气的发言。

他们是所谓的"大嘴巴"。比赛前，他们会说"一定会赢，我只有这一个想法"；比赛结束后又会断言"理所当然的结果，没什么大不了"。

他们之所以这样发言，有如下两个原因：

首先，充满豪气的发言是为了鼓舞队友，震慑对手。其次，也是给自己加油。

在挑战极限的世界战斗，如果自己的话不能让自己奋起，就不会产生好的心态。他们知道，如果自己都在怀疑自己，成绩自然不会太好。

"都是大家的功劳"，这是一句有益的话语

不过，顶级运动员的大嘴巴有时会被认为帅呆了，这是因为他们处于一个特别的世界。如果普通人简单地进行效仿，马上就会成为一个难以应对的、棘手的人，会给自己带来损失。

"不好意思，这么晚了，您辛苦了！"

"不，哪有什么辛苦？"

"但昨天您也是加班到很晚，对吧？"

"也就一般吧，我只要下个月的销售额是第一。"

"……这样啊，您好厉害啊！"

"拿不出成绩的家伙，只能辞职。"

"这样啊……"

沉浸在自己的世界，想要装出能干的模样，但这样是不会给别人留下好印象的。大家也不会想给他鼓劲打气。

总是把目光投向他人，能够极力赞扬身边的人，才能从中受益。

"都是大家的功劳"，这是一句有益的口号。

益 表达感谢，
会有更多的人给予我们支持

14

益

说话方式

若无其事地关心他人

好感度

76%

损

说话方式

多管闲事满足自我

反感度

71%

满足于多管闲事的人，会招致损失。

举例来说，一个我认识的领导，据说能够记住所有下属的生日。而且，如果下属结了婚，甚至连他们的结婚纪念日都能悉数记住。

据说这位领导在下属结婚纪念日当天，会面带微笑地走近对方，笑容满面地拍着对方的肩膀说："今天早点回去吧！""啊，为什么？""今天是你的结婚纪念日吧！"

或许有人会想："这不是好领导吗？"

确实，关心对方是人际关系的根本。

从这一点来看，可以认为这位领导做得很好。

但是，就算是为对方着想，如果做得过度，也会让人产生心理上的恐惧。

而且很明显，这种做法含有一种想让对方表示感谢的态度。希望对方说"谢谢""不愧是部长，竟然能关注到这一点"。看似是在照顾对方，实际上却有可能让人更费神，这正是所谓的多管闲事。

如果是发自内心地祝贺，真正为对方着想，那才是真正的好领导。但是，如果只是想满足自我，使自己看起来像个好领导，事情就变味儿了。

这么做，到底是"为自己，还是为了对方"，这是一个问题。

在别人的事情上只能看到自己的人出人意料地多，而且其所作所为在外人眼里非常明显。

那件礼物是为了对方，还是为了自己？

多管闲事是无益的说话方式，那么怎样才是有益的做法呢？

答案是若无其事地为对方着想。

不露骨地为对方庆祝，总是能把下属放在心上的领导，会给人以很好的印象。比如平日里，见面时说"你精神不错啊""现在怎么样，忙吗""做得不错啊"。能若无其事地关心下属，就会给对方留下好印象。

　　在单位经常筹办生日聚会的人，去附近出差会给大家带当地特产的人，有了成果会积极夸奖对方的人……如果你是这样的人，就请再一次问自己："那是为自己做的，还是为对方做的？"

益 **平日里小小的关心，是成为好领导的秘诀**

15

益

说话方式

对经过也会加以说明

损

说话方式

突然只说出结论

好感度
73%

反感度
73%

"我辞职了。"

无论是谁，听到妻子或者丈夫突然说出这句话时都会大吃一惊吧。

昨天还一如既往地去上班，今天却突然说"我辞职了"，一般人听完肯定都会不知所措，会惊问为什么，还会责怪对方"你为什么不跟我商量"，甚至还有可能会大吵一架。

如果平时夫妻二人就谈论过"想辞职""近期想自己创业"的话题，估计是不会引发争吵的。

但如果突然只说出结果，这样做显然不会有太多益处。

只说结果的人，不擅长表达，没有自信。

他们通常很难讲述中间过程和思考过程，不由得潦草地只说出结论，想强行让对方接受。但是，对方突然只听到结论，没有中间的过程，就会感到十分唐突。这样做会导致事情无法顺利进行。

只听到结论，没有中间的过程，是对别人的不信任。

对方会担心自己不被信任，感到不安，认为"他是不是觉得即使告诉我，我也不能理解呢"。

突然转换话题的人，头脑中在想什么

与此相似的是突然转换话题的人。

"那么，我会告知 ×× 公司重新讨论预算。"

"拜托你了。……对了，常务理事已经审批了。"

"常务理事已经知道审批这件事了吗？"

"啊，是○○公司的相关业务。"

"这样啊，原来是另一件事……"

突然转换话题的人能同时处理的信息量或许比普通人要多很多，可以同时处理 ×× 公司和○○公司的磋商，常务理事的审批一直在他的头脑中。但是，就这样直接说出来，会让听众大为吃惊。

有益的说话方式是站在对方的立场，将事情的经过很好地加以解释说明。

如果没有前因后果，即便听完，对方也会不明所以。有这种倾向的人，请记住不要偷懒，努力将自己的思考过程传达给对方。

刚才的例子中，如果能向对方说明中间的思考过程，就不会引起混乱。比如这样说："×× 公司的业务姑且先这样。看看还有没有其他想要传达的事……对了，与○○公司的相关业务也在进行中，常务理事已经审批了。"

分享、说明事情的经过，是相信对方的表现。

不要觉得"反正对方也不懂"，要充分相信"一定能传达给对方""一定能得到对方的理解"。

益　分享过程，定能成为伙伴

16

益

说话方式

大声表达，内容积极

好感度
76%

损

说话方式

小声说话，内容消极

反感度
74%

　　小声说话没有益处，声音稍大的人更有好处；处事消极没有益处，积极的人受益无穷。

　　总的来说，开朗、乐于交往的人，会有良好的人际关系。

　　若想人生获益，就要大声、清楚地表达。声音小，嘟嘟囔囔，对方听不到，存在感会减弱。

　　人们容易被有存在感、易于了解的事物吸引。当然，有的人天生声音小，即便如此还是要注意有意识地提高音量交流。

　　还有一件重要的事是问候。"早上好""您好""再见""您辛苦了"……问候中带有善意，人际交往中认同对方、向对方示好是非常重要的。问候可以告诉对方"我在关注着你""我不是你的敌人"。但是，就连这么基本的事情，却还有很多人未能做到。

　　在公司中，也有不少人没有形成相互问候的习惯。因为个人主义的工作方式盛行，以及有些公司在家办公，也没有形成这种习惯。尽管这样，同事之间相互问候还是必须的。

反省会上，她一句话都没有反省

积极的人会获益匪浅。

大学期间，我加入的网球沙龙是那种认真练习网球的沙龙。每天集训结束时都召开反省会，一百多人集合在大屋子里，学生干部走上前，向大家指出"今天的练习，这里不行，必须反省"。

紧接着，他们会指定参加练习的老运动员，让他们说几句。于是，被指定的人会碍于反省会的气氛，不得不小声地说几句，内容是"练习的时候，有人这样，所以一定要多加注意"。晚辈脸色暗沉，点头齐声说"是"。差不多都是这个过程，简直是葬礼的感觉，谈不上什么愉快的气氛。

不过有一次，一个相当于我晚辈的女孩被指名说两句，她说出的话非常漂亮。

她说："今天大家都发出了声音，移动脚步，也没有受伤，天气也好，练习非常成功！"仅仅说了这些她就坐下了。

大家都认定必须改变什么，因此情绪消极，而这种情况下，她能够积极肯定大家，说出自己的想法。这样的她脸色明亮，笑容看起来格外灿烂。

仅仅是讲出积极的话，摆出积极的态度，就会被认为"她很开朗、乐观""和她在一起就会精神百倍"，给人留下积极的印象。

提高音量会显得更加积极，这虽然简单，却效果显著。

**益 性格开朗，说话清晰，
大家都会向你靠拢**

第 4 章

十五则
让你获益一生的
说话方式

01

．．

"我是那种不能喝咖啡的人。""我是那类不能早起的人。"这种表述中，带有过度自我保护的感觉，好像在说"我是 ×× 集团中的一员""并非我一个人不好"。这种说法会让对方的内心产生不爽的感觉。

简单地说"我不喝咖啡""我不习惯早起"，更能让人心情舒爽。

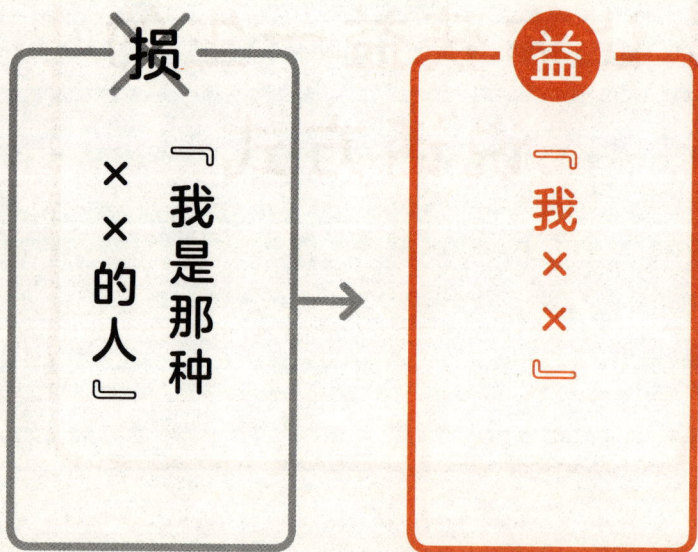

损

『我是那种 ×× 的人』

→

益

『我 ××』

02

"最近不是很热嘛——""我呢，不是挺爱讲话的嘛——"。这种带有"不是……嘛"的说法是没有好处的。这是一种过度谋求共鸣，委婉地强制对方与自己产生共鸣的说话方式，会让对方产生某种强加于人的感觉。

最好还是直接说"好热啊""我很爱讲话"。

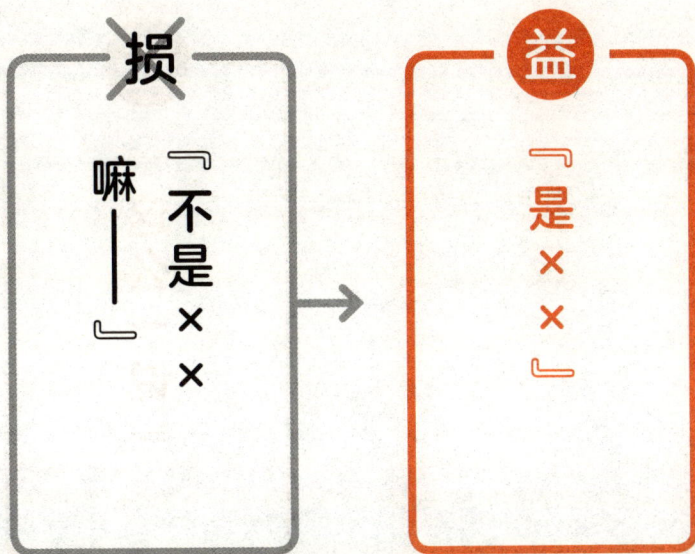

损 『不是××嘛——』 → 益 『是××』

03

"但是，相反呢……""相反，咖喱怎么样呢？"没有相反的意思，却有人经常使用"相反"这个词，这是一种无益的说话方式。"相反"是一个具有冲击力的词汇，目的是想引起对方的兴趣，却能让对方产生被否定的感觉，而且听到的内容并没有相反，让人心情郁闷。

采用肯定的说法，会给人留下好印象。例如"确实""这么一说"等。

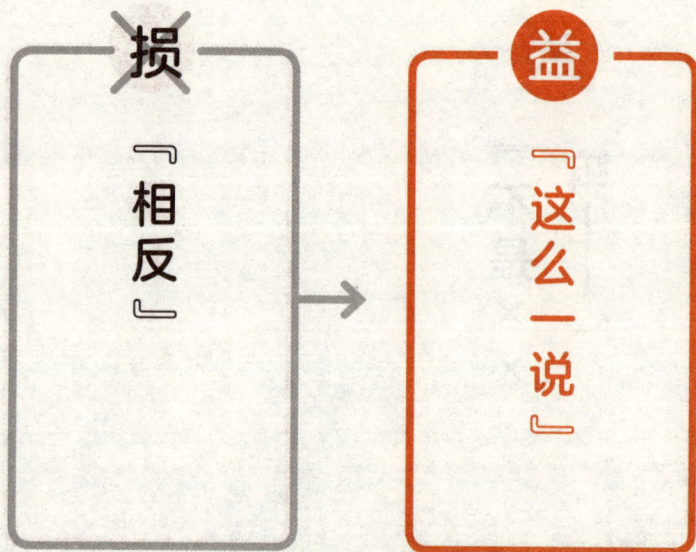

损 ~~✗~~

「相反」

→

益

「这么一说」

04

....

"绝对要看一看这部电影。""还是读一读这本书比较好。"这种说话方式是没有益处的。因为这种说法将自己的意见放在为对方着想的立场上，有强加于人之感。

还是坦率地讲出自己的想法吧，可以说："希望你一定看一看这部电影！""你试着读一读这本书！"

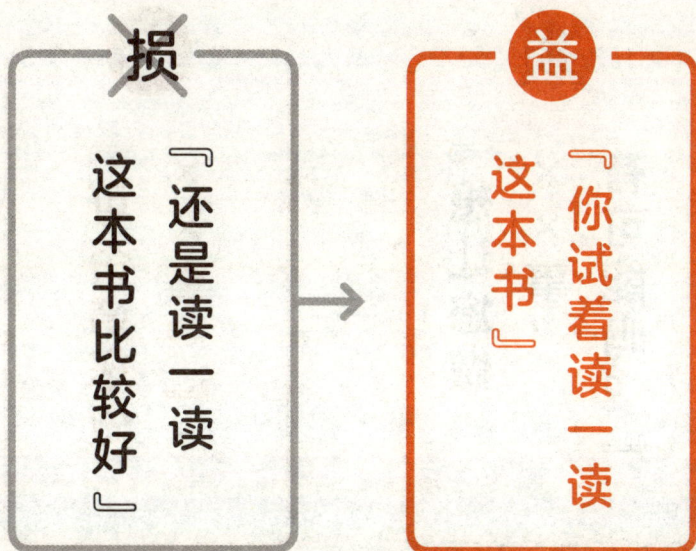

损

『还是读一读这本书比较好』

益

『你试着读一读这本书』

05

最近常听到"有可能吗"这种说法，看似礼貌，却总给人点头哈腰的狡猾之感。实际上想拜托对方，又怕被人拒绝，因此使用"有可能吗"。这种表达会给人逃避的印象。

有益的说法是坦率地拜托对方。对对方说："可否请您做 ×× 事？""能拜托您做 ×× 事吗？"

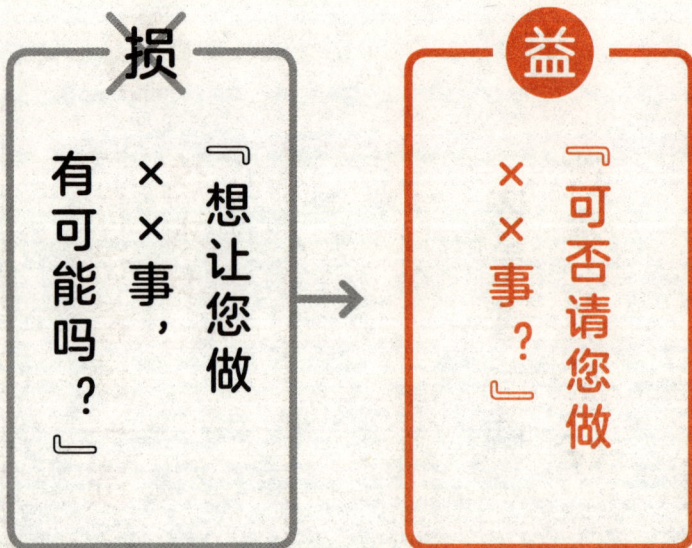

损

『想让您做 ×× 事，有可能吗？』

→

益

『可否请您做 ×× 事？』

06

"请允许我做 ××"，这句话看起来很谦虚，却很难让人产生好印象。因为这种说法常用于商务场合，例如"请允许我将企划书送过去""请允许我来负责这件事"。

"我来送企划书""我负责这件事"，这样说更简洁，更会给人留下好印象。

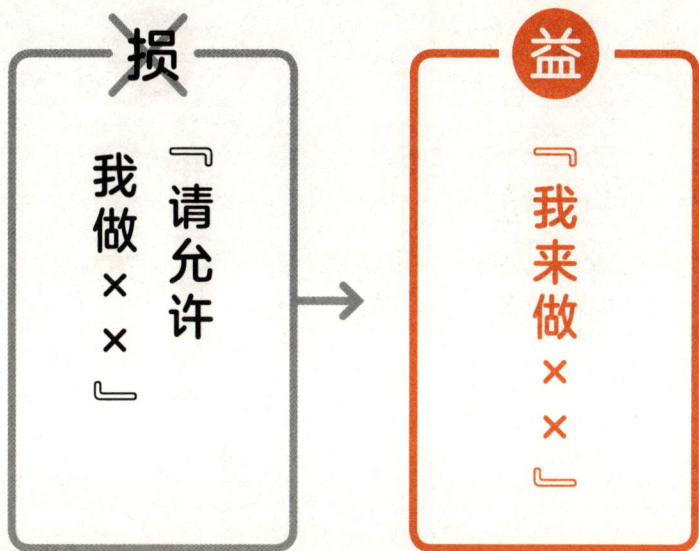

损 ✕

> 『请允许我做××』

→

益

> 『我来做××』

07

难得在私人场合见面，但如果对方使用"您辛苦了"，就会让现场的气氛瞬间变得拘谨起来。特别是跟在意的异性一起吃饭，结束时对方一出口说了句"您辛苦了"，会让浪漫的气氛瞬间全无。

这时候，用"今天非常开心"会收到很好的效果。它简洁明了，但能给人以好印象，是一句很有用的话。

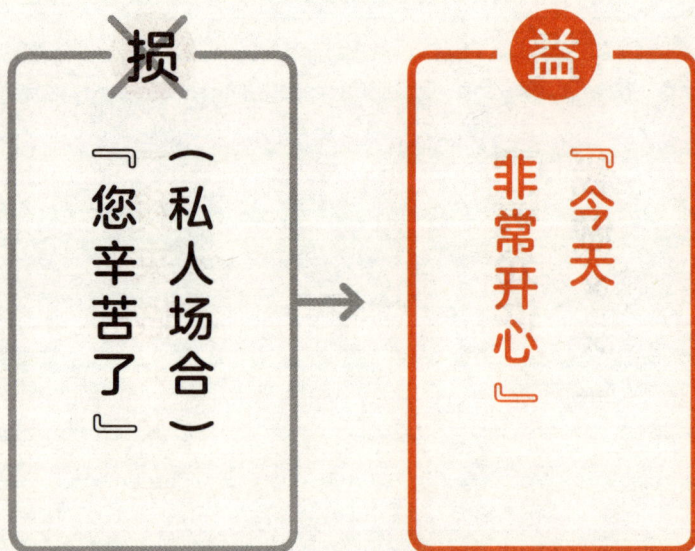

损

（私人场合）
『您辛苦了』

→

益

『今天非常开心』

08

本来该说"谢谢"的场合，却有人说"抱歉"，这是没有益处的说法。感谢对方斟茶，感谢对方让座，都说"抱歉，麻烦您"。给你亲切照顾的人听到这种话，心情一定不会好。

这时直接说"谢谢"会给人留下好印象。如果觉得太严肃，也可以说"谢谢啦"。

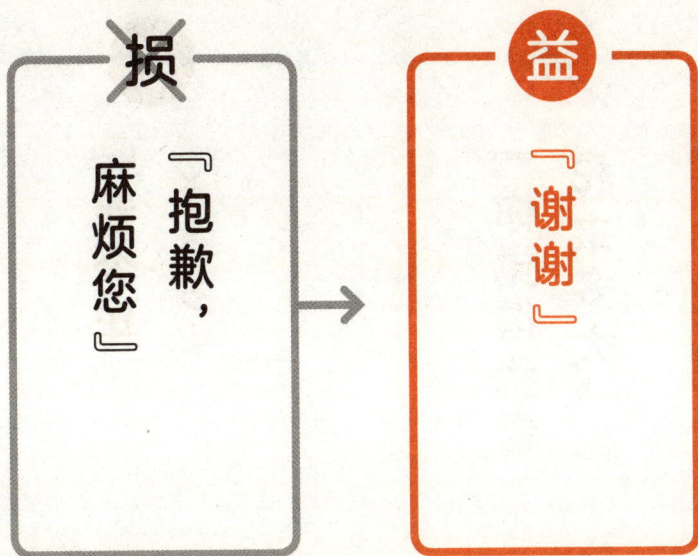

损

「抱歉，麻烦您」

→

益

「谢谢」

09

交流中，有些人煞有介事，爱出谜语和问题。"你觉得我看起来多大？""你觉得现在中国最有发展前景的产业是什么？"诸如此类。听到问题的人会感到心绪烦躁，觉得自己必须很好地作答，因此压力巨大。这终归是一种不受益的说话方式。

不说多余的话，痛痛快快地说出想说的，不失为一种好的说话方式。

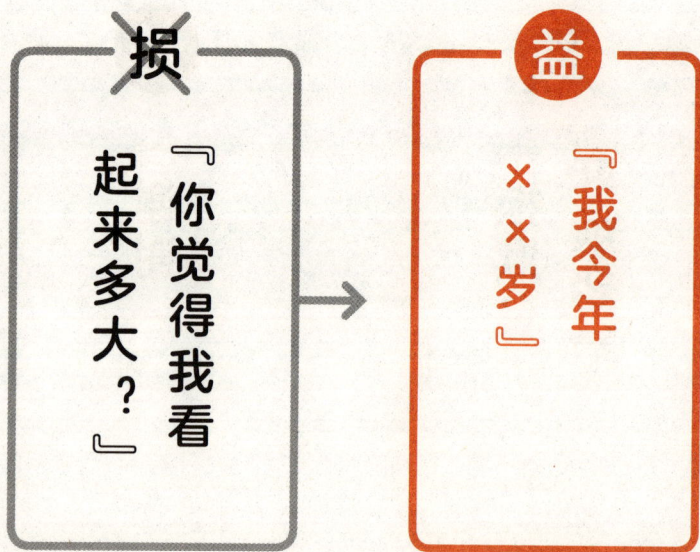

损

『你觉得我看起来多大？』

益

『我今年××岁』

10

领导说"你能帮我写材料吗"，据说对此回复说"好啊"的下属增多了。无意的一句话，会给领导留下不好的印象。

因为其中含有一种自上而下的俯视姿态，或者说其中包含着给你做也行的感觉。领导委派工作，正确的回答应该是"好的"。

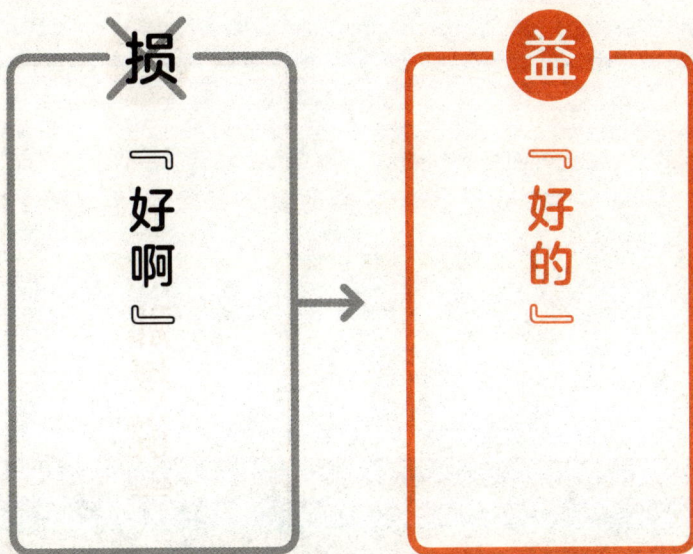

损

『好啊』

→

益

『好的』

11

· ·

经常说"但是""因为"，是一种无益的说话方式。例如，"因为××先生是那样讲的""但是客户不同意啊"等。这种说话方式给人的印象是在找借口。

如果想反驳对方，还是使用"之所以这样说，是因为""虽然那样说"。这样说含有一种解释说明的语气，对方也应该能够很好地倾听。

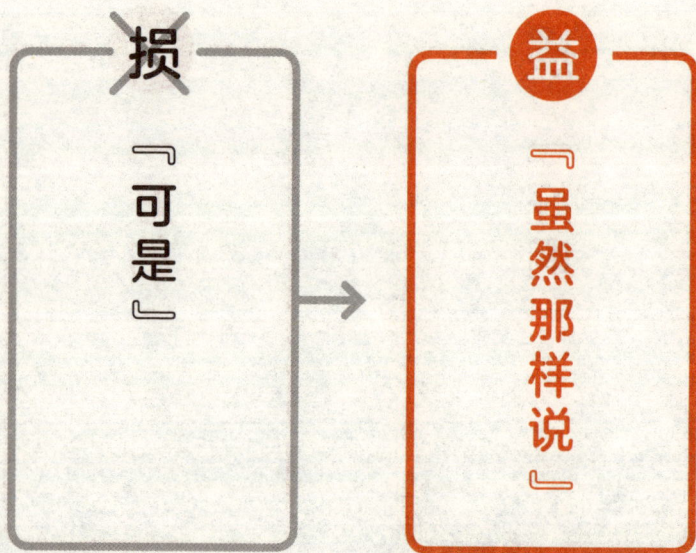

损 『可是』 → 益 『虽然那样说』

12

跟在"反正"这个词后面的一定是消极的语言。"反正进展不会顺利""反正面试不会通过"。很少有人想跟语言消极的人接触吧。

想说"反正"的时候，强迫自己改成"一定"。"一定会进展顺利""一定会通过面试"。积极的语言，是让人受益的宝库。

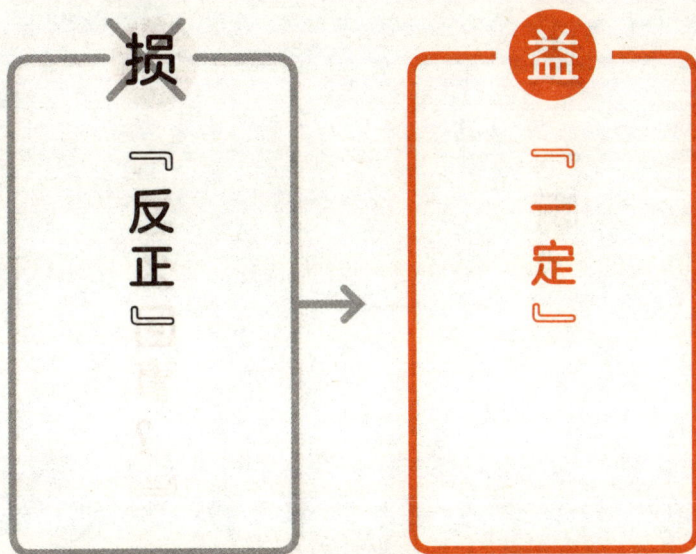

损　✗

『反正』

→

益

『一定』

13

回问对方时，有人会使用："啊？"虽然有的时候是常用的口头禅，但这是无益的说话方式，是一句粗鲁的话，有可能会成为打架或者相互争吵的原因。

有益的说法是："怎么回事？""对不起，请问这是怎么回事？"在未听清对方或者不甚明了话中的意思时，就用这种方式礼貌地询问对方吧。

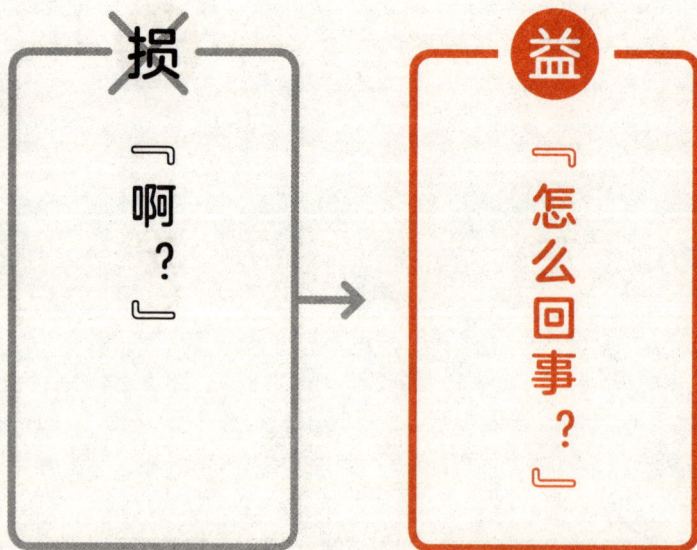

损

「啊？」

→

益

「怎么回事？」

14

在演讲或者做提案发言时，连续说"嗯——""嗯——"，是一种无益的说话方式。这会让人感觉结结巴巴、不熟练，会被认为是生手。说话者或许会因为害怕无话可说，而想要填补空白时间，在这个时候，使用"嗯"相对会更好些。

最好的方式是巧妙利用沉默时间。适当地沉默，能够吸引对方的注意力，是一种受益的说话方式。

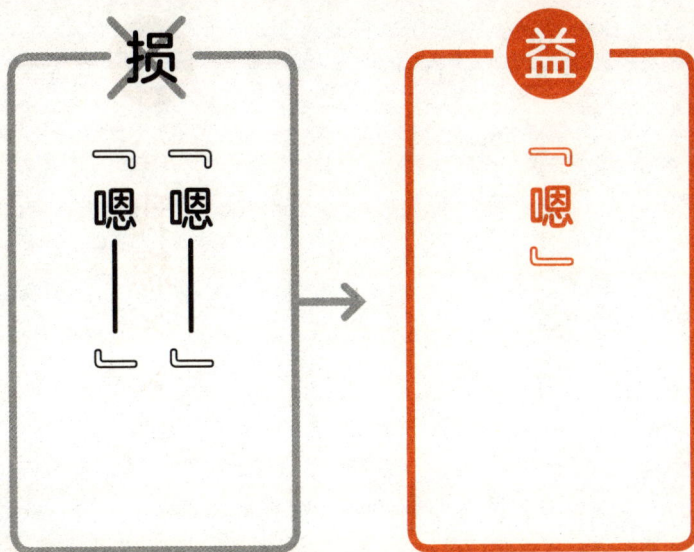

损

嗯 嗯

→

益

嗯

15

在日式居酒屋，有人点单时会说"啤酒就好"。说话者本人也许无意识，但其中暗含着的却是"没办法，选啤酒吧"。

如果想点啤酒，就说"来瓶啤酒""我想喝啤酒"。

不仅限于居酒屋，所有情况下说"我想××"，给人的印象都会陡然上升。

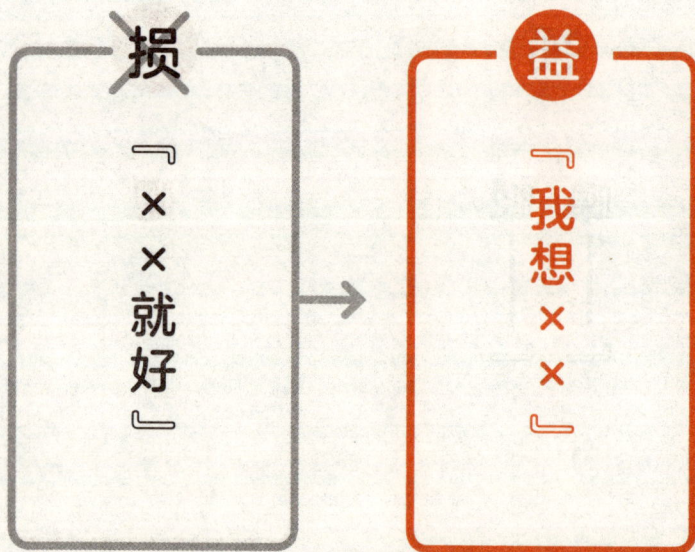

损

「××就好」

→

益

「我想××」

后记

在讲究说话方式的世界，经常听到这样的说法："表达方式主宰一切。"

你自认为说得很温柔，可是如果在对方看来很恐怖，那么这就是一种恐怖的说话方式。你希望对方做某事，对方却弄错，那就是你的失误。

归根结底，说话方式的好与坏，取决于对方怎么想，这是一个很难的问题。

本书的目的是让你通过稍稍改变说话方式，来改变对方的态度。

※

有一种说法叫作"措辞"。语言或许和金钱一样。

同样的金额，怎样使用却因人而异。就算是一百万日元，有人可以一夜散尽，也有人可以把它们用在有益于将来的事情上。

语言也是如此，有让人受益的说话方式，也有让人受损的说话方式。

所谓使用语言受益，指的是通过某种说话方式，使人际关系变好，让你的人际关系因此有所改变。

相反，受损的说话方式，则会因为这种方式而导致人际关系破裂，陷入困局。

正如刚才提到的，决定其结果（受益还是受损）的不是你，而是作为听众的对方。这正是让人头疼的地方。

※

"这真是很棘手啊！"

"对方怎么想，我们怎么会知道？"

　　针对这种想法，本书写作时做了问卷调查，调查了实际的说话方式给对方的好感度（受益）和反感度（受损），并汇总出了调查结果。

　　顺便说一句，"好感度90%"指的是"世界上90%的人对这种说话方式抱有好感"，请大家一定要将其作为参考。

　　衷心地希望大家能够通过阅读本书避免无益的说话方式，采用受益的说话方式，从而使自身的人际关系压力得以疏解，变得更为舒适、畅快！

2018 年 8 月

五百田达成